GE(H)DANKEN UND GE(H)SCHICHTEN

Winand Kerkhoff

GE(H)DANKEN und GE(H)SCHICHTEN

15 Jahre auf Jakobswegen in Deutschland und in der Schweiz, in Österreich, Frankreich und Spanien

***»Ich schildere nicht
das Sein,
ich schildere
das Unterwegssein.«***

Michel de Montaigne
(1533–1592),
»Erfinder« des Essays,
über seine Reise/Tagebuch/Aufzeichnungen,
die von ihm bewusst nicht veröffentlicht,
erst nach seinem Tod entdeckt und
1774 publiziert worden sind unter dem Titel:
»Reise durch Italien, die Schweiz und Deutschland
In den Jahren 1580 und 1581«

Verlag U. Nink

Für meine Frau Bärbel

Verlag U. Nink, Lützowstr. 245, D-42653 Solingen
E-mail: ursula.nink@t-online.de
Lektorat: Heinrich Wipper, M.A.
Gestaltung: wort- und tat-büro | essen, Hubert Röser
ISBN 978-3-934159-34-1

Bildnachweis: Sofern nichts anderes angegeben ist, stammen alle Abbildungen vom Verfasser.

Inhalt

Vor»weg«wort

»Mein Rucksack schläft
neben dem Bett,
wie ein braver Hund,
der, wenn er erwacht,
heim will!
oder weiter?«

Aus dem Gedicht »WANDLUNG« von ALEX SADKOWSKY,
in dem der »Rucksack« allerdings ein »Koffer« ist.

Die Ausgangssituation: 1999 erstmals in Santiago de Compostela
Da gab es nach einer gut überstandenen Krebsoperation meinen spontanen Wunsch und eine eher vage Vorstellung. Und dann geschah so etwas wie ein Wunder: Ganz kurzfristig gelang es meiner Frau, mit Hilfe ihres Volkskunde/Kollegen und Santiago/Experten Dr. Plötz, im Heiligen Jahr 1999 zum Fest des Heiligen Jakobus am 25. Juli noch einen Nachtflug nach Santiago de Compostela und dort auch noch ein Zimmer zu bekommen. Die gemeinsam erlebte Festwoche war ein so beindruckendes Erlebnis, dass ich mich im Jahr 2000 auf den Weg gemacht habe und dann – nach 40 Jahren Berufstätigkeit als Autor und Regisseur von Fernsehdokumentationen und Dokumentarfilmen seit 2002 im wohlverdienten Ruhestand – immer wieder einmal Jakobswege gegangen bin.

In 15 Jahren 6000 Kilometer auf Jakobswegen

2000 Erster Jakobsweg auf der Via Podiensis von Le Puy bis Espalion mit Freund Peter.

2001 Weiter auf der Via Podiensis von Cahors bis Aire-sur-l'Adour/Pau mit Freund Peter.

2002 In Burgund von Dijon über Beaune nach Tournus/Cluny mit den Freunden Peter und Jochen.

2003 Von Lourdes über den Somport-Pass auf dem Camino Aragonés und Francés nach Santiago de Compostela und nach Fisterra.

2004 Von Bonn auf der Via Coloniensis nach Perl/Schengen. (Bestandsaufnahme von Kleindenkmälern am Wegesrand)
2005 Von Notre Dame de la Fin des Terres über den Camino Norte und Primitivo nach Santiago de Compostela und Fisterra.
2006 Von Sevilla auf der Via de la Plata nach Santiago de Compostela. mit den Varianten über Ourense und Astorga. (Ausführlichen Recherchen für einen Wanderführer, den ich begonnen, aber nicht fertiggestellt habe).
2008 Von Cluny nach Le Puy (mit Freund Peter).
(Geplant, aber nicht realisiert:
2008/09 Von Görlitz nach Krakau;
2009/10 Von Fatima über die Via Lusitana nach Santiago.)
2011 Auf fränkischen Jakobswegen von Bamberg über Nürnberg nach Würzburg.
2012 Auf dem österreichischen Jakobsweg von Linz nach Innsbruck.
2013 Weiter von Innsbruck in die Schweiz über die Via Jacobi bis nach Einsiedeln.
2014 Von Metz nach Dijon mit Freund Peter.

Damit haben wir gemeinsam auf Jakobswegen ganz Frankreich von der Mosel bis zu den Pyrenäen durchquert; habe ich auf meinen Jakobswegen von Bonn nach Santiago de Compostela die letzte (größere) Lücke geschlossen.

Be»Weg«gründe

Vor 15 Jahren war ich aufgebrochen als Wanderer und bin immer noch auf Jakobswegen unterwegs, um vielleicht irgendwann und wo als Pilger anzukommen. Das lateinische Wort »movere« bedeutet: »bewegen, sich bewegen, sich auf ein Ziel zu bewegen« und schließt mit den daraus abgeleiteten Begriffen »Motivation« und »Motiv« die Gründe für das, was in Bewegung setzt, und für den gewählten Weg mit ein. Für mich war und ist die Idee und die Geschichte des Jakobsweges die Motivation, gerade diese Wege zu gehen und dem Motiv der Muschel als Wegweiser zu folgen. Dabei ging und geht es mir darum, zu gehen, Jakobswege zu gehen, von Zuhause wegzugehen und wochenlang unterwegs zu sein auf fremden Wegen bis hin zum Ziel in der Ferne. Sich eine Auszeit zu nehmen und auf dem Weg Zeit zu haben. Jeden Morgen aufzubrechen und abends anzukommen. Unterwegs als Mensch den Körper zu spüren und die Natur zu fühlen. Beim Gehen nach dem richtigen und zugleich rechten Weg zu suchen, nach dem Ziel des Weges und auch nach dem Sinn des Lebens. Als »Perquisitore«, als Spurensucher die abendländische Kultur(und)Landschaft zu erlaufen und zu erleben. Als »Viator«, als Wanderer zwischen den Welten unterwegs zu sein, für den nach christlichem Glauben »vita« gleich »via« ist und damit das Leben eine Wanderschaft, die zum ewigen Leben führt.

UnterWegs

Erlebnisse und Erfahrungen

Im Rückblick auf rund 6000 Kilometer auf Jakobswegen die Feststellung: Es ist – Gott und Jakobus sei Dank – gut gelaufen, ließ es sich (fast) immer gut laufen. Nur auf meinem ersten Weg habe ich Probleme bekommen: beim Laufen mit den Füßen und beim Rucksacktragen mit den Schultern. Und als es dann eines Tages gar nicht mehr ging, gar nichts mehr ging, habe ich mich von einem Taxi zur nächsten Unterkunft fahren lassen. Und als ich Jahre später auf dem Weg von Linz nach Innsbruck nach tagelangen Fußbeschwerden erstmals aufgeben und aufhören wollte, haben sich die Schmerzen auf wundersame Weise »verlaufen«, so dass ich weitergehen und den Weg beenden konnte.

In der Regel konnte ich auf gut ausgeschilderten und angenehm zu gehenden Jakobswegen laufen, hin und wieder habe ich mich auch mal verlaufen. Natürlich lassen sich Straßen nicht ganz vermeiden und auf die lange Distanz gehört das ständige Auf und Ab dazu, geht es immer wieder einmal steil den Berg hinauf und ins Tal hinunter. Und wenn ich in meine Tagebücher schaue, hatte ich doch auf weiten Strecken gutes Wetter. Auf den Picos war es morgens manchmal frostig kalt und in den Mittagsstunden in der Meseta unerträglich heiß. Es gab Regentage und auch den einen oder anderen wolkenbruchartigen Regen, bei denen die Wege zu Bächen wurden und so mancher Bach wegen Hochwassers nicht mehr zu überqueren war.

Auf allen Wegen gab es immer wieder mehr oder weniger große Probleme bei der Übernachtung, aber ich habe an jedem Abend eine Unterkunft gefunden: in Herbergen und Privatzimmern, in Landgasthöfen und Luxushotels, in einem Wohnwagen auf dem Campingplatz und im Strohlager auf dem Bauernhof. Die tägliche Verpflegung war im großen Ganzen unproblematisch, wenn man bereit ist, da und dann zu essen und zu trinken, wo es etwas gibt, oder sich vorausschauend rechtzeitig für den weiteren Weg zu versorgen. Unterwegs gab es drei besondere Erlebnisräume mit emotionaler Wirkung: Den Weg und die zeitweise Weggemeinschaft; die Herbergen und das

Zusammenleben mit anderen Menschen, die Mit-Menschlichkeit; die Kirchen als beeindruckende Bauwerke und als Gotteshäuser für schlichte Abendandachten und festliche Liturgiefeiern – als Räume der Stille und Besinnung.

Begegnungen und Freundschaften

Auf den Wegen kam es immer wieder zu Begegnungen und Gesprächen, zum Austausch von Gedanken mit Wegbegleitern und Wegbegleiterinnen, mit denen ich in der Regel aber immer nur ein (kleines) Stück des Weges gemeinsam gegangen bin, die ich wieder aus den Augen verloren oder überraschenderweise wieder getroffen und mit denen ich dann so manchen langen Abend in der Herberge verbracht habe. Äußerst wirkungsvoll und lange nachwirkend die Hilfsbereitschaft, die ich immer wieder erfahren habe. So stellte mir mein Freund Peter vor der ersten Wanderung seine Rucksack-Pack-Liste zur Verfügung und hat mit seinen sehr guten Französischkenntnissen dafür gesorgt, dass wir in Frankreich immer eine Unterkunft gefunden haben. Ein anderer Peter hat mir auf der Via de la Plata bei strömenden Regen seinen Poncho-Trick verraten: den Rucksack mit den Tragriemen nach vorn auf eine Mauer stellen, die Ausbeulung im Poncho über den Rucksack ziehen, sich mit dem Rücken vor den Rucksack stellen, den Rucksack aufsetzen und dabei den Kopf durch die Öffnung schieben und dann die Kapuze auf- und den Poncho vorn herunterziehen. Ein guter Trick, der auf Dauer sehr hilfreich war. Als auf einmal und trotz mehrfacher Versuche keine Bank in Monasterio meine Checkkarte akzeptierte, zog Rita, obwohl wir uns erst seit zwei Tagen kannten, ohne Zögern für mich mit ihrer Karte 500 Euro aus dem Automaten. In des Wortes wörtlicher Bedeutung: ein »Kredit«, vertrauensvoll und zinslos. Oder der mir unbekannte spanische Autofahrer, der mich – nachdem ich mich bei meinem Abstecher ins Valle del Silencio verlaufen hatte – gegen den lautstarken Protest seiner Frau einfach in sein Auto packte, wendete und mich kilometerweit zurückgefahren und zum Hostal gebracht hat, an dem ich anscheinend zwei Stunden vorher vorbeigelaufen war. Einige, wenige von den vielen, die mir auf meinen Wegen begegnet waren, sind über den Weg hinaus zu Freunden bzw. Freundinnen geworden.

Ge(h)danken und Ge(h)schichten

Abgesehen von den Wegen durch Frankreich, auf denen mich mein Freund Peter begleitet hat, war ich in der Regel im »Allein/Gang«

unterwegs, weil es nur so möglich ist, seinen eigenen Weg zu gehen und beim Gehen seinen Gedanken nachzugehen. Dazu angeregt wurde ich durch den um 1805 von Heinrich von Kleist geschriebene Aufsatz über »Das allmähliche Verfertigen von Gedanken beim Reden«, der mich seit meinem Studium der Literatur- und Sprachwissenschaft als Drehbuchautor ein Leben lang begleitet hat. Übertragen auf mein Wandern bedeutet das ein »allmähliches Verfassen von Gedanken beim Gehen«, aus dem sich dann »Ge(h)danken« ergeben. Wenn ich losgehe, weiß ich nicht, welcher Gedanke mir unterwegs kommen wird und wo ich im Verlauf des Weges mit meinen Gedanken ankommen und enden werde. Im Gehen lassen sich bereits im Unterbewusstsein vorhandene Gedanken und vage Vorstellungen laut nachdenkend und mit sich selbst redend und in Ge(h)sprächen mit anderen konkretisieren und artikulieren, fort»laufend« formulierend präzisieren und schließlich und endlich auch als »Ge(h)danken/Gang« im Tagebuch fixieren.

Nicht nur die Füße, sondern auch die Gedanken wandern. So wie man unterwegs nach dem Weg sucht, kann man auch nach dem Sinn suchen, sinnieren. Im »Laufe« des Tages habe ich mir immer wieder die Zeit genommen, einmal innezuhalten, um in mich zu gehen, zur Besinnung zu kommen und mich zu besinnen. Im Althochdeutschen hieß »sinnen« ursprünglich nichts anderes als »gehen/reisen«: sich auf den Weg begeben, seine Gedanken auf ein Ziel ausrichten; wandern und wahrnehmen, sich etwas merken und verstehen. Es lebt fort als »Fußweg« im französischen »sentier«, in den »Sentiers de grande randonnée« (G.R.), den Fernwanderwegen in Frankreich und natürlich auch im »Sentiers de Saint Jacques«.

Unter»weg«s habe ich fort»laufen«d Tagebuch geschrieben. Diese Tagebücher sind nicht nur Weg-, sondern auch Ge(h)danken-, Ge(h) sprächs- und Ge(h)fühlsprotokolle. Ich rekapituliere darin nicht nur Erlebnisse und Erfahrungen des Tages, sondern lasse in der Retrospektive auch mein Leben Revue passieren und entwickle Perspektiven, die über den Weg und das Tagesziel hinausgehen und in mein Alltagsleben hineinreichen – bis hin zum Lebensende. Ich habe diese Tagebücher für mich geschrieben, im Nachhinein nicht überarbeitet und auch nicht als Bücher veröffentlicht. Wohl habe ich in Lesungen auszugsweise meine Wegerfahrungen und -erlebnisse weitergegeben und in Vorträgen meine Ge(h)danken über die sehr heterogenen Be»weg«gründe beim Wandern, Wallfahren und Pilgern mit/geteilt. Und nach fast allen meinen Wegen habe ich Wegberichte geschrieben und die meisten von ihnen in der »Kalebasse« veröffentlicht. Es handelt sich um Synopsen vom jeweiligen Wegverlauf oder sie handeln von Teilaspekten wie z. B. Übernachtungsproblemen, Déjà-vu-Erlebnissen, Jakobus-Major-Marginalien. Die Tagebücher und Wegberichte sind Ge(h)schichten, verstanden im ursprünglichen Wortsinn des althochdeutschen »gisiht«: das Gehen also als ein »Geschehen« in Raum und Zeit und dessen Beschreibung als Ab»Lauf« und Werde»Gang«, als Moment/Aufnahmen in meiner Lebensgeschichte und in der Geschichte des Jakobweges.

Noch (k)ein Buch?!

Weil immer mehr sich auf den Weg gemacht haben und weil es immer einfacher geworden ist, darüber ein Buch zu machen, hat sich die Jakobswegeliteratur ständig ausgeweitet, ist im Grunde alles bereits gesagt worden, weitausholend und in die Tiefe gehend. Mit Hape Kerkelings »Ich bin dann mal weg« ist ein Höhepunkt erreicht und überschritten worden. Es ist (zu) viel geschrieben worden, so dass wohl nichts Neues hinzugefügt werden kann und muss. Wenn ich nach meinen Lesungen oder Vorträgen gefragt wurde, warum ich als Autor noch kein Buch über meine Jakobswege geschrieben hätte, habe ich immer geantwortet: um Himmels willen nicht noch ein Buch.

Als ich dann auf meinen Jakobswegen von meinem Heimatort Bonn bis nach Santiago de Compostela und weiter nach Fisterra im Jahre 2014 die letzte (größere) Lücke geschlossen hatte, fing ich an, darüber nachzudenken, wie lange ich nun schon laufe und wie lange ich denn noch laufen will. Da kam auf einmal der Gedanke auf, zunächst einmal eine Zäsur zu machen, mir im Rückblick einen Überblick zu verschaffen und alles, was ich von und auf meinen Jakobswegen irgendwie gesammelt und irgendwo abgelegt habe, zu ordnen und in einem Regal zusammenzufassen. Und das war dann soviel, dass ich mir dachte, es wäre doch ganz praktisch zumindest all das, was ich bisher als Berichte veröffentlicht habe, handlich in einem Buch zusammenzufassen – nach dem Motto »Omnia mea mecum porto«. Das daraus entstandene Buch besteht aus meinen bisher veröffentlichten Wegberichten – so wie sie erschienen sind – chronologisch aneinander gereiht. So macht das Buch es möglich, dass ich mich in der »Nach/Lese« immer wieder einmal auf den Weg machen und der Leser des Buches mich auf meinen Wegen begleiten kann. Und wenn ich auch in erster Linie das Buch für mich gemacht habe, möchte ich (nun doch) mit diesem Buch ein wenig von dem weitergeben, was mir die Jakobswege gegeben haben.

Mit dem Buch möchte ich mich auch bedanken bei all denen, die mir diese Wanderungen ermöglicht und mich auf diesen Wegen für eine Zeit oder auch in Gedanken begleitet haben: bei meiner Frau Bärbel; bei meinen Wanderfreunden Peter und Jochen; bei meinen Jakobswegfreunden und -freundinnen Karin und Peter, Rita und Horst; bei Heinz, Martin, Sybille, Philipp, Sarah ... und bei all den anderen, denen ich unterwegs immer wieder einmal oder vielleicht sogar nur einmal begegnet bin und denen ich so manches Ge(h)spräch verdanke. Die ich aus den Augen verloren habe, die aber immer wieder einmal ganz überraschend in meinen Erinnerungen auftauchen. Und natürlich möchte ich mich auch bedanken bei Heinrich Wipper: für alle Pilgerpässe und Weginformationen, für die Veröffentlichungen in der »Kalebasse«, für die Aufbereitung der Texte und Bilder zu diesem Buch und für dessen Veröffentlichung im Verlag U. Nink.

15 Jahren auf Jakobswegen: Das war's! War's das?

Diese Retrospektive hat auch eine Perspektive – eine etwas vage open end-Perspektive. Als ich einen meiner spanischen Camino-Kurzzeit-Compañeros wieder einmal getroffen hatte und wir uns dann wieder trennten, verabschiedete er sich, ging los, dreht sich noch einmal um und rief mir zu: »Que no será la última vez« – »Ich hoffe, es wird nicht das letzte Mal sein.« Es war das letzte Mal – zumindest auf diesem Weg. In diesem Sinne: »Bon Camino!«

WINAND KERKHOFF

PS. Nur wer aufbricht, kann heim kommen (und weiß dieses Heim umso mehr zu schätzen). Und nur wer heimkommt, kann wieder aufbrechen. Die Aufhebung dieser Konditionen findet sich in einem Bild der Malerin Anne Knefelkamp mit dem Titel: »Ankommen im Weitergehen«.

2003 Spanien

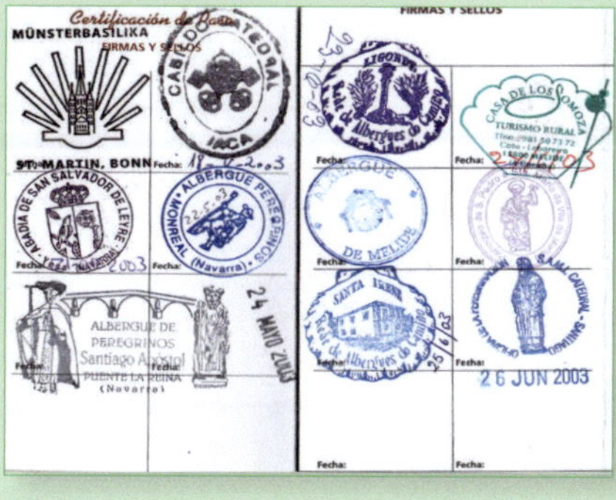

Auf dem Camino Aragonés und Camino Francés von Lourdes nach Santiago de Compostela / Fisterra

16.05.2003 Aufbruch von **Lourdes** (der Marienwallfahrtsort als Ausgangspunkt für meine erste große Wanderung zum Pilgerort Santiago) – Mit dem Zug nach **Pau** (in der Nähe des Endpunktes der Wanderungen von Le Puy auf der Via Podiensis in den Jahren 2000/2001) und weiter nach **Oloron** – **17.05.2003** Start zur Wanderung: Rauf zum **Somportpass** und runter nach **Jaca** – Auf dem **Camino Aragonés** Richtung Westen über Kloster **Leire** nach **Pamplona** und **Puente de la Reina** – Weiter auf dem **Camino Francés** nach **Logroño** und **Burgos** – Abstecher zum Kloster **Santo Domingo de Silos** – Weiter nach **León**, **Astorga** und **Acebo** – Abstecher in das **Valle del Silencio** nach **Santiago de Peñalba** – Weiter von **Ponferrada** nach **Santiago de Compostela**: Ankunft **26.06.2003** – Weiter nach **Fisterra** (insgesamt **1118 km**) – Am **05.07.2003** Rückfahrt von Santiago mit dem Zug nach Bonn.

- »Wallfahren und Pilgern« (»Hiltruper Monatshefte«, Jg. 114, Nr. 2, S. 48–52, April 2006)
- »Von Melide nach Santiago« TagebuchBeispiel
- »Camino mi amor« (»Kalebasse«, Nr. 35, S. 44–49, Januar 2004)

◄ Angekommen in Santiago de Compostela: Ein erster café con leche mit einer tarta de Santiago auf der Terrasse meiner »Residencia« vor der prächtigen Westfassade der Kathedrale.

Wallfahren und Pilgern

Zwischen religiöser Motivation und touristischer Attraktion

Wallfahrten nach Neviges, Telgte und Kevelaer gehören zu meinen Jugenderinnerungen, Wandern und Pilgern auf Jakobswegen in Deutschland, Frankreich und Spanien zu meinen Alterserfahrungen.

Von Lourdes nach Santiago

Als ich im Sommer 2003 den Camino Francés nach Santiago de Compostela gegangen bin, wählte ich als Ausgangspunkt Lourdes, wo aufgrund von Marienerscheinungen im Jahre 1858 und von medizinisch nicht erklärbaren Heilungen sich in knapp 150 Jahren eine der größten Marienwallfahrten entwickelte, in den letzten Jahren die Zahl der organisierten Wallfahrten aber um mehr als 10% abgenommen hat. Der Endpunkt war: Santiago de Compostela, wo das Apostelgrab im Mittelalter – neben Jerusalem und Rom – wohl das bedeutendste Ziel von Pilgern aus ganz Europa war, dann aber fast in Vergessenheit geriet und in den letzten 20, 30 Jahren – in einem gegenläufigen Trend zur allgemeinen Entwicklung in den christlichen Kirchen – eine überraschende Pilger-Renaissance ausgelöst hat.

Ich war nicht unbedingt als Wallfahrer nach Lourdes gekommen und auch wohl mehr als ein »Wanderer zwischen den Welten« von dort aufgebrochen, für den die religiöse Motivation eine von mehreren Intentionen war. Vielleicht bin ich auf dem Weg zum Pilger geworden, als solcher in Santiago de Compostela angekommen und weiterhin unterwegs. Wie auch immer: ich hatte viel Zeit auf dem Weg und auch danach über das Thema Wallfahren und Pilgern nachzudenken.

Beten mit den Füßen

Mit den Begriffen »Pilgern« und »Wallfahren« gibt es meines Wissens nur im Deutschen zwei Wörter für ein Phänomen, das Egon Mielenbrink, im Bistum Munster für Wallfahrtsseelsorge zuständig, in seinem Buch »Beten mit den Füßen« so definiert: »In den unterschiedli-

Ein-, manchmal auch Zweisamkeit: Pilger auf dem Jakobsweg nach Santiago de Compostela.

chen Religionen gibt es Orte, an denen sich Menschen dem göttlichen Geheimnis besonders nahe glauben und zu denen sie sich auf den Weg machen.« In der aktiven Verbform bringen »pilgern« und »wallfahren« die zwei entscheidenden Komponenten, die unterscheidenden Kriterien am besten zum Ausdruck: erstens die auf eine heilige Stätte ausgerichtete Bewegung und zweitens die religiöse Motivation. Damit entsprechen Wallfahren und Pilgern unserem christlichen Lebensverständnis als »homo viator« und als »vita peregrinationis«, dem Verständnis vom Menschen als Wanderer und vom Leben als Pilgerschaft, von dem es im Kirchenlied heißt: »Wir sind nur Gast auf Erden/und wandern ohne Ruh/mit mancherlei Beschwerden/der ewigen Heimat zu.«

Historische Pilgerwege

Nach Robert Plötz, Museumsleiter in Kevelaer und Präsident der Deutschen Jakobusbruderschaft, war die »vita peregrinationis« im Urchristentum eine Lebensform, bei der z.B. die schottischen Wandermönche »Haus, Bruder, Schwester, Mutter, Kind und Acker um des Evangeliums willen« für immer verließen, und erst in der zweiten Hälfte des ersten Jahrtausends entwickelte sich daraus die »via peregrinationis«, der Pilgerweg zu den großen Heiligen Stätten der Christenheit: erst nach Jerusalem, dann Rom und schließlich seit der ersten Jahrtausendwende auch nach Santiago de Compostela. Der weite und strapaziöse Weg bis an das damalige Ende der Welt und der lange und entbehrungsreiche

Gemeinschaft(s) Erlebnis: Wallfahrergruppe bei einer Prozession in Lourdes

Aufenthalt in der Fremde dienten der Buße und auch der Sühne nach dem weltlichen Recht, im Glauben an die Vergebung der Sünden und an ein ewiges Leben. Die »Peregrinatio ad limina Beati Jacobi« wurde im 12./13. Jahrhundert zu einem europäischen Massenphänomen.

Traditionelle Wallfahrten

Hinzukamen immer mehr regionale Wallfahrten: zu Gräbern und zu Reliquien von Heiligen wie z. B. zum Matthiasgrab und zum Heiligen Rock in Trier oder zum Schrein der Heiligen Drei Könige in Köln, an dem sich im letzten August beim Weltjugendtag zusammen mit dem Papst fast eine Million Jugendliche aus aller Welt versammelt haben.

Dann entstanden, z. T. von der Gegenreformation intendiert, die Wallfahrten zu Marienbildern wie z. B. in Kevelaer oder in Neviges, wo seit 1681 das Gnadenbild der »Ohne Erbsünde empfangenen Gottesmutter« verehrt wird. Damit ist Neviges der älteste Wallfahrtsort der Immaculata nördlich der Alpen und hat mit dem berühmten, 1964 von Gottfried Böhm erbauten, für den heutigen Bedarf allerdings überdimensionierten Mariendom eine der modernsten Wallfahrtskirchen. Ende des 19., Anfang des 20. Jahrhunderts kamen dann noch die Wallfahrten zu den Orten der Marienerscheinungen hinzu, vor allem die Wallfahrten nach Lourdes und Fatima. All dies sind für den Gläubigen Orte der besonderen Verehrung und Verheißung, der Heilung und der Heiligung.

»Religiöser Tourismus« heute

Im Internet lässt sich unter »katholisch.de« nachlesen, dass es in Deutschland über tausend Wallfahrtsorte gibt, darunter hundert allein im Erzbistum Köln, und dass sich jährlich rund 40 Millionen Christen auf Pilgerschaft und Wallfahrt begeben. Diese Massenbewegung bzw. die Bewegung dieser Massen ist heute nur noch mit einer touristischen Infrastruktur zu bewältigen: sowohl beim Transport mit Bahn oder Auto, Bus oder Flugzeug als auch vor Ort von der Unterbringung bis zur Verpflegung, von der Betreuung der Kranken bis hin zum Angebot von Devotionalien und Souvenirs. Dieser »religiöse Tourismus« ist bestimmt nicht jeder Manns Sache, aber er ist – ohne Vorurteile betrachtet und von Auswüchsen einmal abgesehen – nichts anderes als eine zeitgemäße, pragmatische und vor allem soziale Form – nicht unbedingt von Pilgerschaft, wohl aber – von Wallfahrt, die eine Partizipation fast aller ermöglicht und selbstverständlich die religiöse Motivation nicht ausschließt. Bereits vor 125 Jahren wurde zur »Förderung und Durchführung von Pilgerfahrten zu Wallfahrtsorten im In- und Ausland« der Deutsche Lourdes Verein gegründet, um – wie es ausdrücklich in der Satzung steht – den »Kranken und Hilfsbedürftigen die Teilnahme an solchen Wallfahrten«, besonders auch die Reise nach Lourdes, »zu ermöglichen«. Das Bayerische Pilgerbüro bezeichnet sich heute als »ein christliches Reiseunternehmen«, das Pilger- und Studienreisen veranstaltet und diese nicht nur unter sachkundiger Leitung, sondern auch mit geistlicher Begleitung durchführt. Die frühere Pilgerstelle des Bistums Münster nennt sich heute »Emmaus-Reisen« und bietet neben den klassischen Wallfahrten nach Lourdes, Fatima, Santiago de Compostela nun auch Reisen unter dem Titel »Kirche – Kultur (und) Natur« an.

Die klassischen Kulturreiseveranstalter haben längst das Pilgern als einen neuen »Urlaubstrend« entdeckt: Event-Tourismus mit einem – im doppelten Wortsinn – »Kult«-Status. Wie wär's also mit einer großen Mittelmeer-Kreuzfahrt mit der MS Albatros »Auf den Spuren der Apostel« mit Stationen in Damaskus, »wo Saulus zum Paulus wurde«, oder Byblos, »wo Petrus sich nach Rom einschiffte«, oder mit dem Pilger-Buch »Küche, Kunst, Kultur am Jakobsweg«, laut Verlagswerbung »die schönste Art den tausendjährigen El Camino zu erleben«.

Auch wenn nach Meyers Lexikon »die häufigste Form der Pilgerschaft die Wallfahrt zu einer heiligen Stätte« ist, und damit beide Begriffe mehr oder weniger gleichgesetzt werden, möchte ich zwischen Pilgern und Wallfahren differenzieren.

Pilgern: »Der Weg ist das Ziel«

Die Pilgerschaft gilt auch heute noch eher als etwas Außergewöhnliches, häufig Einmaliges und ist »Ausdruck einer privaten Frömmigkeit«. Der Pilger ist zwar auf dem Weg nicht allein, ganz bestimmt nicht mehr auf dem Camino in Nordspanien, aber er ist – mental und auch formal – mit sich selbst unterwegs. Durch die hunderte, manchmal tausende Kilometer weite Distanz von Zuhause, durch die wochen-, manchmal monatelange Absenz vom Alltag, durch die sich in der Reduzierung auf das Notwendige ergebende Abstinenz in Bezug auf Komfort bekommt das Unterwegssein in der Fremde – und nichts anderes bedeutet »peregrinatio« – eine eigene Bedeutung, bekommt beim Pilgern der Weg seinen eigenen Wert. Für Pilger wird der Weg zumindest genau so wichtig wie das Ziel, für viele Santiago-Pilger ist »der Weg das Ziel« oder wie im Buchtitel von Ulrich Hagenmayer – »Das Ziel (ist) der Weg«.

Wallfahren: »Der Weg hat ein Ziel«

Dagegen trägt das Publik-Forum Extra-Heft über Pilgerorte der Weltreligionen den Titel »Der Weg hat ein Ziel«. Dieser Titel entspricht der Intention von Wallfahrten. Nach Robert Plötz sind Wallfahrten in der Regel »gemeinschaftlich, häufig in Prozessionsform und in regelmäßigen Zeitabständen, meist alljährlich zu einem bestimmten Termin unternommene Bitt- und Bußgänge zu einer bestimmten Gnadenstätte« in der Region, so z. B. die durch Pfarren, kirchliche Vereine oder Bruderschaften durchgeführten Marienwallfahrten nach Neviges, Kevelaer, Telgte. Auch wenn mehrtägige Fußwallfahrten wieder zunehmen, so werden doch die meisten Wallfahrten als Gruppenreisen organisiert und mit modernen Verkehrsmitteln durchgeführt. Selbst bei Fernwallfahrten reduziert sich der Weg auf Stunden, verliert damit an Bedeutung und konzentriert sich ganz auf das Ziel. Vielleicht ist meine Differenzierung zwischen Pilgern und Wallfahren ein wenig subjektiv, zumindest scheint sie nicht unbedingt allgemein gebräuchlich zu sein. Die einschlägigen Kataloge bieten Reisen mit dem Pilgerzug nach Lourdes an, kurze Flugwallfahrten nach Fatima oder eine kombinierte Flug-Bus-Reise von Lourdes nach Santiago de Compostela mit zweistündigen Zwischenwanderungen an landschaftlich schönen Stellen des Jakobsweges.

Das Tor durchschreiten: Sinn / Bild für Aufbruch und Ankunft, für die spirituelle Motivation, sich auf den Weg zu machen

Das gemeinsame Ziel

Darum beschließe ich meinen Definitionsversuch mit einem etwas abgewandelten und erweiterten Zitat von Antoine de Saint-Exupéry: »Wir sind alle Pilger: wir ›wandern und wallfahren‹ auf verschiedenen Wegen und mit verschiedenen Mitteln ›zum gemeinsamen Ziel‹.« Und für Pilger wie Wallfahrer gilt das, was Karl Rahner über »Die alltäglichen Dinge«, so z.B. »Vom Gehen« geschrieben hat: »Wir gehen, wir müssen suchen. Aber das Letzte und Eigentliche kommt uns entgegen, sucht uns – freilich nur, wenn wir gehen, wenn wir (ihm) entgegengehen.«

Von Melide nach Santiago

Die letzten Etappen auf dem Camino Francés im Jahr 2003

Ein Tagebuchauszug als Leseprobe

Dienstag, 24. 06. 2003

*... **Melide** ist eine in den letzten Jahrzehnten gewachsene Stadt, ohne viel Sehenswertes. Dafür mit einem sehr gut gemachten und anschaulich informativen Museum über die »Terra de Melide«. Nach dem Museumsbesuch eingekauft für den Abend: Obst, Joghurt, Schinken, Käse, Rotwein (so viel wie für die halbe Herberge; aber es ist ja nun kühler und so wird es bis Santiago halten und reichen). Apropos Santiago: es kommt immer näher. Aber komischerweise keine freudige Erwartung, sondern eher eine leise Wehmut, weil der Weg zu Ende geht. Ich weiß schon jetzt, dass mir etwa fehlen wird, dass es keine weiteren Begegnungen geben wird, keine neuen Erlebnisse und Eindrücke. Aber was hatte ich erwartet: vom Weg, von Santiago? Ist also doch der Weg das Ziel oder hat dieses Ziel den Weg bestimmt? So gesehen ist mit Santiago der Weg noch nicht zu Ende, weil noch Vielem nachzu»gehen« ist. Jetzt wird aber erst einmal gegessen. Mit leerem Magen lässt sich bekanntlich schwer »nach«denken.*

Mittwoch, 25. 06. 2003

*Morgens nebelt's und nieselt's wieder. Darum macht es auch nicht viel aus, dass das ganze Zeug noch klamm ist. Innerhalb einer Stunde ist so und so alles innen (Schweiß) und außen (Regen) feucht. Der Anorak schützt gegen den kalten Wind und über den Rucksack habe ich den Regenschutz gezogen, damit das, was noch trocken ist, nicht allmählich durchfeuchtet. Die ersten zehn Kilometer hinter Melide sind ziemlich anstrengend, weil es im galicischen Hügelland immer rauf und runter geht: runter ins Tal, über den Bach und rauf auf den nächsten Berg. In **Arzúa** leiste ich mir meinen obligatorischen café con leche, nachdem ich zwischendurch schon einmal im Stehen (weil alles nass) einen Pfirsich und meine letzten Magdalenas gegessen hatte.*

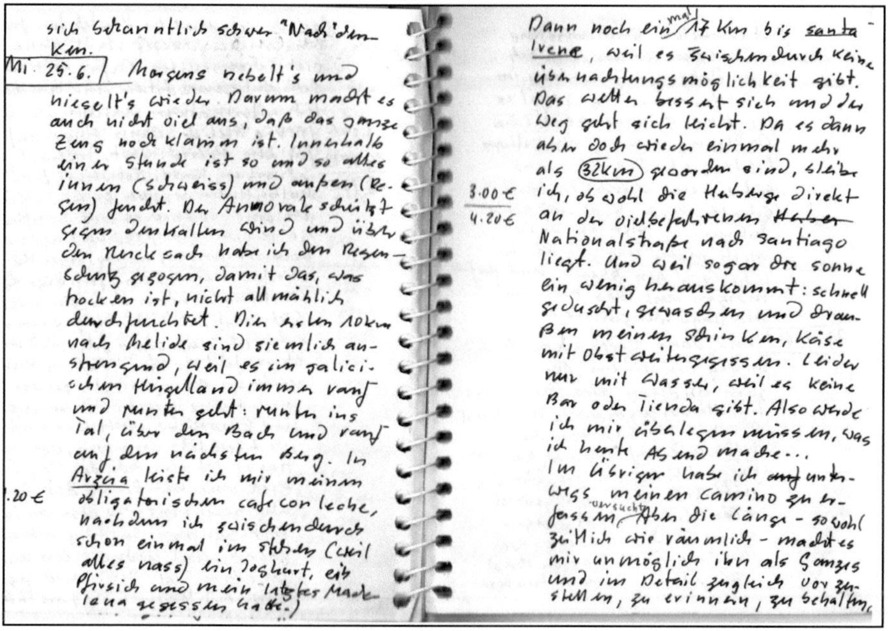

sich bekanntlich schwer "Nach"denken.

Mi 25.6. Morgens nebelt's und nieselt's wieder. Darum macht es auch nicht viel aus, daß das ganze Zeug noch klamm ist. Innerhalb einer Stunde ist so und so alles innen (Schweiss) und außen (Regen) feucht. Der Anorak schützt gegen [illegible] Wind und über den Rucksack habe ich den Regenschutz gezogen, damit das, was trocken ist, nicht allmählich durchfeuchtet. Die ersten 10 km nach Melide sind ziemlich anstrengend, weil es im galicischen Hügelland immer rauf und runter geht: runter ins Tal, über den Bach und rauf auf den nächsten Berg. In Arzúa [illegible] ich mir meinen

1.20 € obligatorischen cafe con leche, nachdem ich zwischendurch schon einmal im Stehen (weil alles nass) ein Joghurt, ein Pfirsich und mein letztes [illegible] gegessen hatte.)

Dann noch einmal 17 km bis Santa Irene, weil es zwischendurch keine Übernachtungsmöglichkeit gibt. Das Wetter bessert sich und der Weg geht sich leicht. Da es dann aber doch wieder einmal mehr als 32 km geworden sind, bleibe

3.00 € ich, obwohl die Herberge direkt

4.20 € an der vielbefahrenen ~~Haber~~ Nationalstraße nach Santiago liegt. Und weil sogar die Sonne ein wenig herauskommt: schnell geduscht, gewaschen und draußen meinen Schinken, Käse mit Obst weitergegessen. Leider nur mit Wasser, weil es keine Bar oder Tienda gibt. Also werde ich mir überlegen müssen, was ich heute AE und mache… Im Übrigen habe ich ~~auf~~ unterwegs meinen Camino zu erfassen versucht. Aber die Länge – sowohl zeitlich wie räumlich – machte es mir unmöglich ihn als Ganzes und im Detail zugleich vorzustellen, zu erinnern, zu behalten,

Dann noch einmal 17 km bis ***Santa Irene****, weil es zwischendurch keine Übernachtungsmöglichkeit gibt. Das Wetter bessert sich und der Weg geht sich leicht. Da es dann wieder einmal 32 km geworden sind, bleibe ich, obwohl die Herberge direkt an der viel befahrenen Nationalstraße nach Santiago liegt. Und weil sogar die Sonne ein wenig herauskommt: schnell geduscht, gewaschen und draußen meinen Schinken, Käse und das Obst weitergegessen. Leider nur mit Wasser, weil es keine Bar oder Tienda gibt. Also werde ich mir überlegen müssen, was ich heute Abend (mit dem Essen) mache … Im Übrigen habe ich unterwegs versucht, meinen Camino zu erfassen. Aber seine Länge – sowohl zeitlich wie räumlich – macht es mir unmöglich, ihn mir als Ganzes und im Detail zugleich vorzustellen, zu erinnern, zu behalten, festzuhalten, zumindest nicht beim Gehen, weil ich mich dabei in Gedanken immer wieder verlaufe, weil es für eine geistige, geistliche Orientierung keine gelben Pfeile gibt, die einen so sicher wie durch die Landschaft durch Kopf und Seele führen … Also werde ich mich nun mehr um das körperliche Wohl am Abend und morgen auf das Ziel, auf Santiago konzentrieren.*

Donnerstag, 26. 06. 2003

Und dann kippte gestern Nachmittag von einem Moment zum anderen alles ins Lächerliche-Unvorherzusehende, ins Banal-Absurde. Ich saß auf der Toilette und auf einmal knallte mit voller Wucht die Tür (die natürlich wie überall nicht ordentlich schließt) gegen meine Schädeldecke (weil ein Spanier im nassen Bad ausgerutscht, nach hinten gefallen war und dabei die Toilettentür eingedrückt hatte). »Schlag«-artig war mir klar, was das bei meinem Kopf bedeuten würde: Thomapyrin nehmen, hinlegen und alles tun, um die Kopfschmerzen bis morgen wieder loszuwerden. Dabei war es am schwersten, den wirklich sehr betroffenen und um mich bemühten Spanier klarzumachen, dass ich nur eines brauchte: Ruhe! Und natürlich war diesmal in der Herberge niemand, der Deutsch oder Englisch verstand und zugleich Spanisch konnte. Also holte ich etwas mühsam mein Wörterbuch heraus, schaute unter »Kopfschmerzen« nach, sagte laut und unmissverständlich »dolor de cabeza«, nahm für alle gut sichtbar meine Thomapyrin, legt mich hin und bat um »silencio«. Ab und zu kam dann jemand gucken, sagte nichts, nickte mir zu. Und vor dem Einschlafen, als die Kopfschmerzen nachließen, kehrte der (Galgen)Humor wieder zurück: »Pilger nach mehr als 40 Tagen und 800 km (auf dem Jakobsweg) von Toilettentür erschlagen!«

Gott sei Dank sind heute Morgen die Kopfschmerzen wieder weg. Nachdem ich nichts zu Abend gegessen hatte, habe ich ausnahms-, aber vernüftigerweise ordentlich gefrühstückt. Und natürlich fragte ich mich beim Aufbruch zur letzten Etappe, was dieser Zwischenfall mir sagen will. Vielleicht dies: ich sollte mir nicht immer so hehre Gedanken machen über Weg und Ziel, Sinn und Zweck, Angang und Ausgang, Aktion und Reaktion; über Santiago als Lösung für alles und Offenbarung … Vielleicht sollte ich einfach zufrieden und froh sein, gut anzukommen. Bleibt immer noch die Frage: wo? In Santiago, wo denn sonst?! Aber eines ist sicher: wir beide – der Spanier und ich – wir haben Glück – oder besser gesagt – einen Santiago als Schutzengel gehabt.

Wie auch immer: morgens bei Nacht und Nebel aufgebrochen. Noch 24 km nach Santiago. Immer durch den Nebel, so dass man allmählich die Orientierung verlor und blindlings den gelben Pfeilen folgte. Selbst die Geräusche waren seltsam gedämpft. Mitpilger tauchten kurz auf und verschwanden wieder im Nebel: das australische Ehepaar, die südafrikanische Gruppe und eine Reihe von zwar erkannten, aber Unbekannten. Dann nach etwas mühsamen, ermüdenden 20 km auf

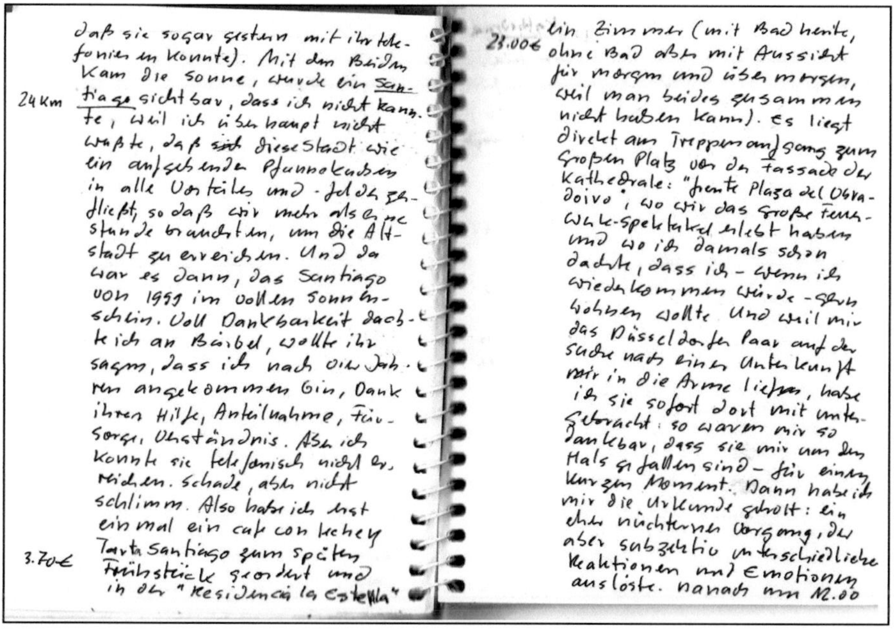
daß sie sogar gestern mit ihr tele-
fonieren konnte). Mit den Beiden
kam die Sonne, wurde ein San-
24 km tiago sichtbar, dass ich nicht kann-
te, weil ich überhaupt nicht
wußte, daß ~~sich~~ diese Stadt wie
ein aufgehender Pfannekuchen
in alle Vortäler und -felder zer-
fließt, so daß wir mehr als eine
Stunde brauchten, um die Alt-
stadt zu erreichen. Und da
war es dann, das Santiago
von 1999 im vollen Sonnen-
schein. Voll Dankbarkeit dach-
te ich an Bärbel, wollte ihr
sagen, dass ich nach vier Jah-
ren angekommen bin, Dank
ihrer Hilfe, Anteilnahme, Für-
sorge, Verständnis. Aber ich
konnte sie telefonisch nicht er-
reichen. Schade, aber nicht
schlimm. Also habe ich erst
einmal ein cafe con leche y
3.70€ Tarta Santiago zum späten
Frühstück geordert und
in der "Residencia la Estella"

ein Zimmer (mit Bad heute,
23.00€ ohne Bad aber mit Aussicht
für morgen und übermorgen,
weil man beides zusammen
nicht haben kann). Es liegt
direkt am Treppenaufgang zum
großen Platz vor der Fassade der
Kathedrale: "frente Plaza del Obra-
doiro", wo wir das große Feuer-
werk-Spektakel erlebt haben
und wo ich damals schon
dachte, dass ich – wenn ich
wiederkommen würde – gern
wohnen wollte. Und weil mir
das Düsseldorfer Paar auf der
Suche nach einer Unterkunft
mir in die Arme liefen, habe
ich sie sofort dort mit unter-
gebracht: so waren mir so
dankbar, dass sie mir um den
Hals gefallen sind – für einen
kurzen Moment. Dann habe ich
mir die Urkunde geholt: ein
eher nüchterner Vorgang, der
aber subjektiv unterschiedliche
Reaktionen und Emotionen
auslöste. Danach um 12.00

*dem **Monte do Gozo** (dem Berg der Freude, weil der erste Blick auf Santiago). Und da war nichts, nichts als Nebel. Und ich dachte mir: Was soll das schon wieder bedeuten?! Dann sah ich auf einmal Petra aus Holland und Rösli aus der Schweiz, deren (zu Hause schwer erkrankten) Schwiegertochter es wieder etwas besser geht, so dass sie gestern sogar mit ihr telefonieren konnte. Mit den beiden kam die Sonne, wurde ein **Santiago** sichtbar, das ich nicht kannte, weil ich überhaupt nicht wusste, dass diese Stadt wie ein aufgehender Pfannenkuchen in alle Vortäler und -felder zerfließt, so dass wir mehr als eine Stunde brauchten, um die Altstadt zu erreichen. Und da war es dann, das Santiago von 1999 im vollen Sonnenschein. Voll Dankbarkeit dachte ich an Bärbel (meine Frau), wollte ihr sagen, dass ich nach vier Jahren angekommen bin, dank ihrer Hilfe, Anteilnahme, Fürsorge, Verständnis. Aber ich konnte sie telefonisch nicht erreichen. Schade, aber nicht schlimm …*

Also habe ich erst einmal einen »cafe con leche y tarta Santiago« geordert und in der »Residencia la Estella« ein Zimmer bezogen: mit Bad heute, ohne Bad, aber mit Aussicht für morgen. Beides zusammen wäre (zu) schön, gibt es aber nicht. (Meine Residencia) liegt direkt am

Treppenaufgang zum großen Platz vor der Fassade der Kathedrale: »frente Plaza Obradoiro«, wo Bärbel und ich das große Feuerwerkspektakel (im Heiligen Jahr 1999) erlebt hatten und wo ich damals schon dachte, dass ich – wenn ich einmal wiederkommen würde – gern wohnen wollte. Und weil das Düsseldorfer Paar auf der Suche nach einer Unterkunft mir direkt in die Arme lief, habe ich es sofort dort mit untergebracht. Sie waren mir so dankbar, dass sie mir um den Hals gefallen sind – für einen kurzen Moment. Dann habe ich mir die Urkunde geholt: ein eher nüchterner Vorgang, der aber subjektiv unterschiedliche Reaktionen und Emotionen auslöst …

Danach um 12.00 Uhr in die Pilgermesse. Die Kathedrale war voll, die Atmosphäre feierlich, die Predigt – weil (nur) auf Spanisch – viel zu lang. Und zwischendurch irgendwo ein bekanntes Gesicht, ein erfreutes Lächeln, ein kurzes Zunicken. Und der Friedensgruß war dann wirklich berührend. Und wie ich mich umdrehe, um auch hinter mir den Mitpilgern die Hand zu geben, gehörte eine davon Sarah (Erasmusstudentin aus München). Und dieser Händedruck zwischen den Generationen aufgrund ein paar gemeinsamen Kilometern und Tagen (zwischen Portomarin und Santiago) war besonders herzlich. Dann ein vielstimmiger Kinderchor, eine aufbrausende Orgel als zum feierlichen Schlusssegen der riesige Botafumeiro durch das ganze Querschiff von Gewölbe zu Gewölbe geschwenkt wurde. Da war es vorbei mit dem erbetenden »Silencio« vor »lauter« Freude.

Vor der Kathedrale zufällig den »gefallenen« Spanier wieder getroffen, der mich – weil wohlbehalten und gut angekommen – freudig in die Arme schließt und sich (über die Spanisch sprechende Sarah) erkundigt, ob ich heute Morgen seinen Zettel mit den »Genesungswünschen« unter dem Kopfkissen gefunden hätte. Leider nein (weil ich anscheinend schon aufgebrochen war). Aber sie haben ja auch so geholfen ….

In meiner Residencia kam erst einmal alles in die Waschmaschine, dann ausführliche Körperpflege. Nichts gegen die Albergues, aber es wurde Zeit für ein Fürsichsein und ein Rundumwohlgefühl. Danach eine kurze Siesta und einen »cafe con leche« auf der Terrasse im Angesicht der prächtigen Fassade der Kathedrale. Und dann stand auf einmal Philipp (Finanzmanager aus der Schweiz) vor mir: ich hatte ihn zum ersten Mal auf dem Somportpass gesehen und ihn immer wieder einmal getroffen. Wir haben viel miteinander gesprochen und bis tief in die Nacht über Gott und die Welt diskutiert. Dann war er angeblich an die Nordküste verschwunden und wirklich mal eben zwischendurch zum Tennisfinale nach Wimbledon geflogen, auf den Camino zurückgekehrt, seit einigen Tagen in Santiago und residiert mir gegenüber standesgemäß im Parador.

Bei einem Vino blanco erzählte er mir dann, dass er den Aufbruch nach Fisterra Tag für Tag herausgeschoben hätte, um – wie er in der für ihn typischen Ironie sagte – noch einmal diesen »weisen Deutschen« zu sehen, mit mir zu sprechen. Er wollte unbedingt meine Adresse, um mir eventuell einmal schreiben zu können. Vielleicht aus Australien, weil er auf keinen Fall ins Finanzmanagement und zu seiner Familie in der Schweiz zurückkehren werde. Wie immer verabschiedeten wir uns nicht – in der Hoffnung auf ein Wiedersehen –, wenn der Weg, der Zufall es will …

Von Philipp kam der Tipp, in einem Lokal an der Plaza Cervantes würde sich zum Abendessen der halbe Camino treffen, weil es dort ein Pilgermenü inklusive Wein für 5,00 Euro geben soll. Stimmte. Aber wer nicht kam, war Philipp. Habe mich zu den Südafrikanern gesetzt und mit ihnen den Camino resümiert, wobei sich eine angenehme Mischung aus guten Gedanken und Gefühlen ergab. Dann bewusst allein auf der Treppe an der Praza des Praterias gesessen und die Vierungskuppel und den Glockenturm in den Abendhimmel dämmern lassen. Danach auf der anderen Seite der Kathedrale unter den Arkaden vor der festlich angestrahlten Fassade den spanischen Sängern gelauscht: angekommen in Santiago! Den weißen Vogelschwärmen vor nun nachtblauem Himmel nachgeträumt: wer da mitfliegen könnte …

Morgen geht es weiter nach Fi(ni)sterra, an das Ende der Welt. Und dann? ….

Camino mi amor

Ein Postskriptum

»Ich werde dich vergessen! Ich vergesse dich schon! Sieh wie ich dich vergesse! Sieh mich an!«
Er sieht sie an, während sie ihn anblickt, wie sie die Stadt anblicken könnte, und plötzlich sehr leise nach ihm ruft. Sie ruft ihn ›fernhin‹: »Hi-ro-shi-ma. Hiroshima. Das ist dein Name. – »Ja das ist mein Name. Ja .... Und dabei wird es immer bleiben.«

Aus Marguerite Duras »Hiroshima mon amour«

Ein langgehegter Wunsch war in Erfüllung gegangen. Nachdem ich in den vergangenen Jahren in drei Etappen auf der Via Podensis zusammen mit einem Freund bis nach Pau gewandert war, wollte ich – wenn ich den Ruhestand bei guter Gesundheit erreichen würde – den Camino de Santiago in einem Stück, ohne zeitliche Begrenzung und ohne feste Begleitung gehen. Mitte Mai 2003 war ich von Lourdes aufgebrochen, hatte in den Pyrenäen ab dem Somport-Pass zunächst den Aragonischen Weg genommen, war dann den Camino Frances gelaufen und erreichte – nach einigen Abstechern u. a. zu den Klöstern San Juan de la Pena, Leire, San Millán de la Cogolla, Santo Domingo de Silos und in das Valle del Silencio bis nach Penalba de Santiago – Ende Juni wohlbehalten Santiago de Compostela und dann Anfang Juli Fisterra und die Atlantikküste. Am Samstag, dem 5. Juli 2003, stand ich auf dem Bahnhof von Santiago de Compostela und wartete mit vielen anderen Camino-Wanderen und Pilgern auf den Zug, der uns in Richtung Frankreich bringen sollte, um von dort aus weiter nach Norden auf getrennten Wegen nach Hause zu fahren.

Natürlich nahm ich den Zug, weil mit dem – wenn man den Erfahrenen glauben darf – die Seele mitfahren kann und nicht wie beim Fliegen in Santiago zurückbleibt. Als ich meinen Platz gefunden hatte

und mich umschaute, stellte ich zu meiner Überraschung fest, dass ich im vollbesetzten Wagen der einzige Santiagoheimkehrer war, und mir wurde schlagartig klar, dass sich diese wunderbare, wochenlange Weggemeinschaft nicht beliebig fortsetzen lässt. Ich holte meine zwei kleinen Tagebücher heraus und während der Zug aus Santiago hinausfuhr, begann ich darin zu blättern, zu lesen: ».. Jaca. Mo. 19. Mai. Gegen 7 Uhr. Aufbruch bei prächtiger Sonne. Ab jetzt immer nach Westen. 806 km bis nach Santiago. Der Schatten wandert immer mit: Morgens eilig vorweg, mittags treu zur Seite und nachmittags etwas müde hinterher ...« Lesend ging ich den Weg noch einmal, erinnerte mich an Erlebnisse und Begegnungen, reflektierte Gespräche und Gedanken und als der Zug Ponferrada erreichte, war ich in meinem Tagebuch gerade auch dort angekommen: »... Ponferrada. Mi. 18. Juni. Die Burg besichtigt: In der Größe imponierend, vom Geist der Templer aber nichts mehr zu spüren. In der Herberge, im Hof neben dem Brunnen einer dieser Kilometersteine mit Jakobsmuschel. Darunter eine Gedenktafel für einen Finnen, der hier 2001 gestorben, nie nach Santiago gekommen und vielleicht wie der in El Acebo tödlich verunglückte Radfahrer direkt in den Himmel gefahren ist ...«

Hinter Leon hörte ich auf zu lesen und beschloss spontan, die Tagebücher noch bis zur Ankunft in Bonn weiterzuführen, sie aber danach nicht zu überarbeiten und auch nicht zu veröffentlichen. Mit ein wenig Wehmut schaute ich aus dem Zugfenster und schrieb in mein Tagebuch: »Die grünen, bunt blühenden Felder der Campos sind in den vergangenen Wochen gelb geworden und zum Teil schon abgeerntet. Sie sind riesig, baumlos und menschenleer. Bis auf einen einsamen Pilger … Und allmählich wandelt sich mein Heimweh nach Zuhause in ein erstes Heimweh nach dem Camino.« Da hatte ich es zum ersten Mal gespürt – dieses Camino-Heimweh, das nur in einem scheinbaren Widerspruch steht zur Camino-Euphorie, die fast alle Pilger- und Wanderberichte vermitteln, weil sie aus Begeisterung beschreiben, wovon in der Rückerinnerung Mund und Herz überfließen. Als Ruheständler konnte ich mir die Zeit nehmen, in den Wochen danach die vielfältigen Erlebnisse und Erfahrungen nachklingen, die wechselnden Gedanken und Gefühle auspendeln zu lassen.

Die Nach»lese« in der reichlichen Camino-Literatur und in meinen zwei Tagebüchern lässt mich vieles noch einmal erleben, macht mich aber auch nachdenklich. So habe ich über die mir häufig gestellte Fragen nachgedacht, was der Camino bewirkt, ob und wie er verändert. Die Wirkung des Camino scheint mir individuell bedingt, hängt ab von der persönlichen Disposition und Intention. Wer z. B. als Pilger aufgebrochen und für den Santiago ein Wallfahrtsort ist, wird eine religiös motivierte, motivierende Erfahrung machen, die über den in der Pilgerurkunde bestätigten Ablass weit hinausgeht. Wer mit einem Problem losgegangen ist, hat unterwegs viel Zeit zum Nachdenken und die Gelegenheit zu klärenden Gesprächen. Er wird viel Verständnis und vielleicht sogar den Ansatz für eine Lösung finden. Der Camino ist keine Job- und auch nicht unbedingt eine Partnervermittlung, aber wer will, kann herausfinden, was er eigentlich sucht und was er wirklich braucht. Er kann die vielen Anregungen und die eigenen Kräfte sammeln, um sich zu sortieren und neu zu orientieren. Pilger und Wanderer, die sich vom Camino keine konkrete Glaubenserfahrung und Problemlösung erhoffen und auch nicht erwarten, reagieren auf Fragen nach Wirkung und Veränderung eher sensibel, manchmal sogar allergisch, und versuchen bei deren Beantwortung, für sich und andere ihre Erfahrungen zu differenzieren und deren bleibende Bedeutung zu relativieren. Bei Brecht antwortet Herr Keuner auf die Frage nach der Existenz Gottes: »Ich würde Ihnen raten, sich zu überlegen, ob sich – je nachdem, wie die Antwort ausfällt – Ihr Verhalten verändert. Wenn es sich nicht verändert, dann vergessen Sie die Frage. Und wenn es sich verändert, dann heißt es: Sie brauchen einen Gott.«

Für (fast) alle kommt es auf dem Weg – angeregt durch Natur und Kultur, durch Gespräche und Begegnungen – zu einer ständig wachsenden Emotionalisierung, die für die einen in Santiago, für die anderen in Fisterra kulminiert, der sich keiner entziehen kann und will. So schreibt Christel Burghoff in ihrem taz-Artikel »Unter Pilgern durch Nordspanien« vom 11./12.10.2003: »Wo Endorphine und Gruppendynamik glücklich ineinander fließen, kann eigentlich nichts falsch laufen. ... Das ist gut fürs Ego, vor allem dann, wenn man auf Sinnsuche ist ... Wandern ist hier wie Gefühlskino auf historischen Spuren vor großartiger Landschaftskulisse. Und dann plötzlich diese Leere ...« Sie meint damit die flache Hochebene zwischen Burgos und Leon. Aber was im Pilgerjargon als »Wüste« bezeichnet und als eine »Gegend zwischen dem Nicht-mehr und dem Noch-nicht« erlebt wird, trifft auch auf den Übergang vom Camino in den Alltag zu, wenn sich unausweichlich die Frage stellt, was von diesem positiven Impetus und von der euphorischen Gestimmtheit nach der Rückkehr aus Santiago bleibt.

In der Camino-Literatur erfährt man viel über die, die motiviert aus Santiago nach Hause zurückkehren, weniger über die, die sich nach dem Camino nur schwer wieder in ihre Welt hinein und sich dort wieder zurecht finden. Es wird viel geschrieben über Vorbereitung und Aufbruch, über Weg und Ziel. Aber nur selten über die Heimkehr, über die Zeit und die Befindlichkeit nach dem Camino. Die Schweizerin Barbara Haab hat z. B. auf dem Camino eine Befragung durchgeführt und die Ergebnisse im 15. Band der Reihe »Praktische Theologie im Dialog« unterm Titel »Wege und Wandlung – Zur Spiritualität heutiger Jakobspilger und -pilgerinnen« zusammengefasst. Sie hat mit ihnen auf dem Weg und in den Herbergen gesprochen, ihre Eintragungen in den unterwegs ausliegenden Pilgerbüchern erfasst. Meines Wissens hat aber noch keiner eine Nach(Camino)-untersuchung durchgeführt und die Heimgekehrten befragt. Nur im Pilger-Buch »Das Ziel ist der Weg – Auf dem Jakobsweg nach Santiago de Compostela« von Ulrich Hagenmeyer habe ich (bisher) in einer konsequenten Entsprechung zu einem einleitenden »Vorweg« als Schlusskapitel ein »Nachwegs« gefunden, das mit dem Satz beginnt: »Die vielleicht schwerste Etappe des Jakobsweges liegt für den modernen Pilger oftmals erst nach Santiago.« Martin Thull resümiert am Ende seiner »Notizen vom Jakobsweg in Nordspanien« mit dem Titel »Immer weiter, Santiago zu«: »Je länger ich laufe, um so größer wird die Distanz zu Alltag und Heimat. Aber sie lassen mich auch nicht ganz los, denn ich weiß um die Notwendigkeit der Rückkehr. ... Die Empfindungen (in Santiago) sind zwiespältig: einerseits die Freude über das Erreichen des Ziels, andererseits aber auch die Trauer, dass dieses großartige Ereignis nun zu Ende geht. ... Der Blick zurück verändert die Perspektive. Das Ziel nicht vor Augen, sondern im Rücken, schafft Distanz. ... Der Pilgerweg nach Santiago ist ein vorübergehendes Intermezzo.«

Mit der Distanz von Wochen und Monaten wird auch für mich der Camino zu einer Ausnahme-Situation, vergleichbar mit der Auszeit beim Eishockey, die eine Atempause und Orientierungsphase ist, nach der das Spiel und der Kampf, das Leben und der Alltag weitergehen. Esther Heiße berichtet in ihrer Diplomarbeit, in der sie »den religiösen Bildungsgehalt im Wandern« untersucht hat, von einer Aufbruch-Krise in den ersten Tagen auf dem Camino, nicht aber von einer Heimkehr-Krise in den Wochen danach, obwohl es – nach einem Pilger-Zitat bei Heiße – gar nicht so einfach ist, »unser Leben in derselben Art fortzuführen, mit Klarheit und Liebe und Freundschaft«. Wenn und weil die tagtägliche Herausforderung durch das Wandern, das durch Kultur und Natur anregende Camino-Umfeld und vor allem die liebgewonnene Weggemeinschaft fehlen und vermisst werden, kommt es zu »Entzugserscheinungen«. Und wenn man dann feststellt, dass sich die intensiven Begegnungen, persönlichen Freundschaften wegen der zeitlichen und räumlichen Entfernung und durch das veränderte Umfeld nur bedingt fortsetzen lassen, dann kann es zu Stimmungswechseln kommen, bei denen die Camino-Euphorie auch einmal umkippt in eine Heimkehr-Depression. Aus der Erinnerung und auch Verklärung des Weges entwickelt sich anstelle einer zukunftsorientierten Motivation so etwas wie eine rückwärts gewandte Camino-Sehnsucht, die für manche zu einer Camino-»Sucht« wird, die sie zu »Dauerpilgern« macht. Nach dem Mystiker Meister Eckhardt kann sich aber niemand »allzeit und fortwährend dem beschaulichen Leben hingeben«, vielmehr muss »das wirkende Leben ein Aufenthalt des schauenden Lebens« werden. Esther Heiße zitiert aus der Haab-Befragung: »Diejenigen, die (wieder) allein sind, erleben sicher viel extremer Höhe- und Tiefpunkte« und es ist fraglich, ob alle Heimgekehrten es allein schaffen, damit fertig zu werden. Und darum müsste es – über den faktisch rationalen und erlebnishaft emotionalen Erfahrungsaustausch hinaus – auch so etwas wie eine Nach(seel)sorge geben, der sich – im Sinne einer geistig/geistlichen Weg-Begleitung nicht nur vor und auf, sondern auch nach dem Camino – z. B. auch die Jakobsbruderschaften annehmen könnten, müssten.

Hagenmeyer beendet seine Schlussbetrachtung mit einem Déjà-vu-Erlebnis: »Manchmal begegne ich … einem älteren Jakobsbruder. In den Augen des anderen spiegeln sich das gleißende Mittagslicht der Meseta und die Dunkelheit eines Kapelleninnenraumes am Wegesrand. Schweigend nicken wir uns zu. … Dann gehen wir weiter, jeder seines Wegs …« Der Bonner General-Anzeiger vom 1./2. November 2003 berichtet in seinem Wochenend-Journal »Boulevard« von einem ähnlichen Erlebnis, wenn »Casablanca«-Fans in »Rick's Café American« in Casablanca mit dem berühmten Satz »Spiel's noch einmal, Sam!« um ein Dacapo von »As time goes by« bitten und sich dabei gegenseitig anschauen, »um im Gesicht der anderen den Film wiederzuerkennen« oder mit geschlossenen Augen eine der berühmtesten Film-Liebesgeschichten noch einmal zu erleben.

Über solche Formen von Imaginationen geht die »Visualisierung«, eine Methode in der komplementären Krebstherapie, weit hinaus. Die Psychoonkologin Martina Höhn-Beste beschreibt sie im Patientenmagazin »Signal« 04/2003 als eine »Arbeit, um Vorstellungen nicht nur bewusst zu machen, sondern sie auch in gesundheitsfördernde Erwartungen und Überzeugungen zu verändern«, und mit Hilfe eines »wohlmeinenden inneren Begleiters« in Handlungen umzusetzen, die einem selbst und anderen gut tun. So bin ich einige Wochen nach der Rückkehr vom Camino Mitglied in der St. Cassius- und Florentius-Bruderschaft am Bonner Münster geworden, zu deren Aufgaben es u. a. gehört, durch stundenweise Präsenz in der St. Martin-Basilika mit dazu beizutragen, dass die Würde des Hauses gewahrt wird und immer ein Ansprechpartner zur Verfügung steht. Während dieses sinnvollen Dienstes bleibt genügend Zeit und Gelegenheit zu kunsthistorischer Betrachtung und geistlicher Besinnung. Manchmal verwandelt sich dann St. Martin für mich in Santiago – nicht de Compostela, sondern – de Penalba im Valle del Silencio. Dort habe ich meinen Santiago, den ich als kleine Figur auf den Camino mitgenommen hatte, verloren. Bei der Visualisierung des Camino habe ich ihn wiedergefunden – als einen (weiteren) wohlmeinenden Begleiter auf dem Weg in meinen dritten Lebensabschnitt.

2004 Rheinland / Mosel

Auf der Via Coloniensis von Bonn nach Perl / Schengen

27.09.2004 Aufbruch von unserem Haus in **Bonn** – Richtung Südwesten nach Rheinbach, Bad Münstereifel, Blankenheim, Kronenburg, Prüm, Waxweiler, Mettendorf, Echternach nach **Trier** – Weiter über Merzkirchen nach **Perl / Schengen** im Dreiländereck Deutschland, Luxemburg, Frankreich: Ankunft am **08.10.2004** (insgesamt **258 km**) – Rückfahrt mit dem Zug nach Bonn.

Unterwegs Erfassung und Bestandsaufnahme aller Kleindenkmäler am Wegesrand.

- »Kleindenkmäler als Marginalien am Jakobsweg von Bonn nach Trier« (»Sternenweg«, Nr. 41, S. 20–28, 2008)
- »Übernachten in Bad Münstereifel, Prüm und Echternach« (gekürzt in »Essen und Schlafen am Jakobsweg von Köln nach Trier«, Heinrich Wipper, S. 13 und 20, Solingen 2013)

◄ Am Weg durch Trier vor den Vereinigten Hospitien ein ziemlich großes Kleindenkmal: Der Heilige Jakobus als zielstrebig ausschreitender Pilger und Wegbegleiter auf dem Jakobsweg durch das Moseltal.

Kleindenkmäler als Marginalien am Jakobsweg von Bonn nach Trier

Bericht über eine »Bestandsaufnahme en passant«

Als ich im Herbst 2004 den Jakobsweg von Bonn nach Trier gegangen bin, hatte ich – angeregt durch die Teilnahme an der 16. Internationalen Tagung für Kleindenkmalforschung in Klosterlangheim im Sommer 2004 – die Idee, diesmal bewusst auf die Kleindenkmäler am Wegesrand zu achten und besonders die religiös motivierten Male wie Kreuze und Statuen, Bildstöcke und Kreuzwegstationen, Heiligenhäuschen und Kapellen als motivierende Marginalien an einem Pilgerweg zu beachten und konsequent zu erfassen.

Bei den nachfolgenden Ausführungen handelt es sich um eine Kurzfassung des Vortrages »Kleindenkmäler als Marginalien auf dem Jakobsweg von Bonn nach Trier – Bericht über eine ›Bestandsaufnahme en passant‹«, den ich auf der 17. Internationalen Tagung für Kleindenkmalforschung vom 15. bis 18. Juni 2006 in Adlwang, Oberösterreich, gehalten habe.

Der Jakobsweg durch die Eifel

Einer der im Rahmen der »Santiago-Renaissance« in den vergangenen 10 bis 15 Jahren wieder entdeckten Jakobswege ist die in den Jahren 2002 bis 2004 rekonstruierte Teilstrecke der Niederdeutschen Straße von Köln nach Trier und weiter bis zur französischen Grenze: 285 Kilometer z. T. auf antiken Römerstraßen, mittelalterlichen Königs-, Handels- und Heerstraßen, auf traditionellen Wallfahrts- und rezenten Fernwanderwegen; in südwestlicher Richtung quer durch die Eifel; vom Rhein, durch Flusstäler und über die Höhen der Hocheifel, an die Mosel.

Dieser Natur- und Kulturraum wurde erst nach der Zeitenwende von den Römern auf ihrem Marsch nach Norden erschlossen, in den nachfolgenden Jahrhunderten ausgehend von den Klöstern nicht nur christianisiert, sondern auch allmählich gerodet und relativ spät und bis in die Neuzeit hinein nur spärlich besiedelt. Seit 925 gehörte dieses Gebiet zum Deutschen Reich, bis um 1800 dominiert durch die Kurfürstentümer Köln und Trier so wie durch das Herzogtum Luxemburg, das über 300 Jahre zu Österreich gehörte.

1815 kam dieses Gebiet zu Preußen und bildete den südwestlichen Teil der Rheinprovinz. Nach dem Ende des 2. Weltkrieges und der Gründung der Bundesrepublik wurde diese Provinz aufgeteilt auf die Bundesländer Nordrhein-Westfalen im Norden und Rheinland-Pfalz im Süden.

Eine Lücke auf dem Weg nach Santiago zu schließen und dadurch dieses Stück Kultur/Landschaft zusätzlich touristisch zu erschließen, ist Sinn und Zweck des Jakobsweges durch die Eifel. Die gelben, nach Santiago weisenden Muscheln auf blauen Grund kennzeichnen den Weg und Info-Stelen berichten über die mehr als tausendjährige Geschichte dieser Pilgerschaft und über heute noch vorhandene Pilger-Spuren am Ort und auf dem Weg.

Informationstafel über den Jakobsweg in Trier-Biewer, wo die alte Römerstraße und der heutige Jakobsweg auf die Mosel trifft: unterwegs Bestandaufnahme von Kleindenkmälern »en passant«.

Die Dokumentation von Kleindenkmälern

In dem 2. Band der »Jakobswege – Wege der Jakobspilger im Rheinland«, der 2002 erschienen ist und in dem der Jakobsweg durch die Eifel »in 13 Etappen von Köln und Bonn über Trier nach Perl/Schengen am Dreiländereck von Deutschland, Luxemburg und Frankreich« beschrieben wird, finden sich auch Hinweise auf Kleindenkmäler am Weg, besonders natürlich auf die, die der Markierung von Wallfahrtswegen dienen, den Pilgern und Wanderern Orientierung bieten oder eine besondere historische bzw. kunsthistorische Bedeutung haben. Einer der in die Wegbeschreibung eingeschobenen, kurzen kulturhistorischen Beiträge beschäftigt sich mit den »Wegkreuze(n) im Kyllburger Land«. Immerhin ein Zeichen dafür, dass zumindest einige Kleindenkmäler zu den erwähnenswerten Sehenswürdigkeiten gezählt werden.

Im Gegensatz zu diesen sporadischen, selektiven Hinweisen gibt es zumindest für die südlicheren Abschnitte des Jakobweges von Bonn nach Trier eine umfassende und fundierte Darstellung in dem Aufsatz von Georg Jakob Meyer und Klaus Freckmann mit dem Titel »Wegekreuze und Bildstöcke in der Eifel, an der Mosel und im Hunsrück«, erschienen in der Rheinischen-westfälischen Zeitschrift für Volkskunde in den Jahrgängen 23, 25 und 26/27 in den Jahren 1977, 1979/80 und 1981/82. In Jahrzehnte langer Forschungsarbeit hat Georg Jakob Meyer in dem am Jakobsweg liegenden Landkreis Prüm 1034, im Landkreis Bitburg 860 und im relativ kleinen Stadtkreis Trier 105 Wegkreuze und Bildstöcke erfasst und typologisch geordnet sowohl nach Stiftungsmotiven wie auch nach formalen und stilistischen Kriterien.

Anregungen in Bezug auf Methode und Systematik, Terminologie und Typologie habe ich bekommen durch ein seit 1996 vom Lehrstuhl für Volkskunde/Europäische Ethnologie an der Universität Bamberg durchgeführtes Forschungs- und Lehrprojekt, bei dem rund 1700 »Religiöse Male in der Stadt und im Landkreis Bamberg« digital inventarisiert und kartographiert wurden und das u.a. in einer Ausstellung auf der Tagung in Klosterlangheim präsentiert worden ist.

Sehr hilfreich, vor allem weil für einen Wanderer sehr handlich, war für mich das Heftchen von Jürgen Gottschalk und Bernhard Schimmel, das bereits 1972 als Sonderdruck des Mainfränkischen Jahrbuchs für Geschichte und Kunst erschienen ist. Unter dem Titel: »Entwurf zur Erfassung freistehender religiöser Male (Bildbaum – Bildstock – Wegkapelle)« wird hier auf acht Seiten – gegliedert nach den acht Rubriken: Standort und Datierung, Formtypen, Bauglieder, Material und Erhaltung, Darstellungen, Inschriften, Funktion, Quellen und Literatur – eine Systematik angeboten und an acht den Typen nach verschiedenen Kleindenkmälern exemplarisch ausgeführt.

Aufgrund dieser Anregungen und der selbst gestellten Aufgabe ergab sich eine ganz klare Definition für meine »Nebenbeschäftigung mit Nebennutzen«. Zweck und Ziel waren, in einer »Dokumentation en passant«:

1. Die Kleindenkmäler zu erfassen, die links und rechts am Wegesrand stehen und die im Vorübergehen zu sehen sind; also nur diese, von denen aber möglichst alle.
2. Jedes dieser Kleindenkmäler auf der Wanderkarte zu lokalisieren und durch Fotos zu dokumentieren. Dabei kann es sich natürlich nur um Momentaufnahmen handeln, deren Qualität von den momentanen Tageszeiten und Wetterbedingungen abhängig sind.
3. So weit wie für einen Wanderer möglich und vor Ort ersichtlich die wesentlichen Merkmale zu definieren und nach einem Erhebungsschema, das sich an dem von Gottschalk und Schemmel orientiert, jeweils in einem Stichwort-Protokoll festzuhalten.

Bei einer »Dokumentation en passant« lässt sich nur das erfassen und festhalten, was im Vorbeigehen zu sehen ist, ist nur die Definition des augenblicklichen, vorgefundenen Zustandes eines Kleindenkmals möglich. Aussagen über seine Stifter und Schöpfer, über seine Geschichte und evtl. Veränderung, über seine Funktion, d.h. über den ursprünglichen Anlass und die frühere und heutige Nutzung sind nur eingeschränkt möglich und müssen bei der Nachbearbeitung durch Beobachtungen und Befragungen am Ort und durch Nachforschungen, u.a. durch Quellen- und Literaturrecherchen komplettiert und verifiziert werden.

Die statistische Übersicht

Auf dem Jakobsweg von Bonn nach Trier habe ich auf einer Strecke von 215 km links und rechts am Wegesrand insgesamt 143 Kleindenkmäler gesehen und erfasst. Im Schnitt wäre das ein Kleindenkmal auf 1,5 Kilometer. Auf die Tagesetappen verteilt ergibt sich aber nicht nur zeitlich, sondern auch regional eine differenzierte Verteilung. So finden sich auf der 1. Etappe von Bonn nach Rheinbach auf 24 km 34 Kleindenkmäler, auf der 5. Etappe von Kronenburg nach Prüm auf 25 km aber nur neun Kleindenkmäler.

Von den 143 Kleindenkmälern sind nach Typ und Anzahl geordnet:

- 64 Kreuze,
- 25 Heiligenhäuschen und Wegkapellen,
- 16 Statuen und Statuengruppen,
- 11 Kreuzwegstationen, Kreuzwege und Fußfälle,
- 6 Bildstöcke und Bildbäume.
- Die restlichen 21 sind unter »Sonstige Formen« zusammengefasst.

Diese »Dokumentation en passant« auf dem Jakobsweg von Bonn nach Trier ergibt einen 215 km langen, Weg-schmalen, von Nordosten nach Südwesten verlaufenden diagonalen Querschnitt durch den Gesamtbestand von Kleindenkmälern in der Eifel. Ob und wie weit dieser Querschnitt repräsentativ ist, muss bei der geplanten Nachbearbeitung überprüft werden.

Typische Formen der Kleindenkmäler

Kreuze

Die Kreuze bilden mit 64 Exemplaren bei weitem die größte und auch heterogenste Gruppe. Sie unterscheiden sich in Größe, Material und Form. Sie sind aus Holz, aus Metall und aus Stein; in der Südwesteifel häufig aus rotem Sandstein, der sich sehr gut bearbeiten lässt. Ein gutes Beispiel dafür ist das ehemalige Friedhofskreuz vor St. Margareta in Frohngau. Die Formen- und Typenvielfalt reicht:

- vom einfachen Kreuz ohne Korpus und Kreuz mit Korpus oder Kreuz mit Materwerkzeugen;
- über Nischenkreuze z. B. mit einer Statue, mit blumengeschmückter Nische oder mit (heute) leerer Nische;
- bis hin zu reich ausgestalteten Schaftkreuzen, die man – wie z. B. das Schaftkreuz an der Antoniuskirche in Schönecken – fast als Kreuz-Bildstöcke bezeichnen könnte.

Bei den Kreuzen ist nicht nur das Formenspektrum sehr breit, sondern auch die Zeitspanne sehr groß. So handelt es sich beim Fraubillenkreuz auf dem Ferschweiler Plateau um einen bereits im 2. oder 3. Jahrtausend v. Chr. aufgerichteten Menhir, einen keltischen Kultstein, der dann während der Christianisierung zu einem Kreuz umgestaltet und später mit Nischen für Heiligenfiguren ausgestattet wurde, heute aber seine religiöse Funktion anscheinend verloren hat. Rund 2000 Jahre n. Chr. wurde am Ortseingang von Neuerburg ein Kreuz mit Pilgermuschel aufgestellt, Zeichen für ein immer noch waches

Barocker, plastisch reich ausgestalteter Bildstock aus rotem Sandstein vor der Antonius-Kirche in Schönecken. Oben im rechteckigen Feld eine Kreuzigungsgruppe und darunter im Schaft Büste eines Engels und eine Pietà.

Das Fraubillenkreuz auf dem Ferschweiler Plateau: ein zu einem Kreuz umgestalteter keltischer Menhir aus dem 2. oder 3. Jahrtausend v. Chr.

oder wieder erwachtes Interesse, Weg und Flur unter den Schutz der Heiligen zu stellen.

Heiligenhäuschen und Wegkapellen

Aus der mit 24 Heiligenhäuschen und Kapellen zweitgrößten Gruppe sollen folgende Beispiele genannt werden. In Bonn-Messdorf steht am Straßenrand ein Heiligenhäuschen aus dem Jahr 1877 mit eisernem Kreuz auf dem Giebel und mit einem Herz Jesu in der Nische, auf der Erftbrücke in Münstereifel ein Heiligenhäuschen mit einer Nepomuk-Statue und am Kapellenweg in Ameldingen ein Heiligenhäuschen mit einer von zwei Engeln flankierten Maria – eine Prozessionsstation, die schon fast eine Kapelle ist.

Am Ortseingang von Buschhoven wurde »A. D. 1956« eine Kapelle errichtet: »Der Rosa Mystica zur Ehre, unserem Präses Tent aus Liebe, Buschoven zur Zier, die St. Sebastianus Schützen hier.« An der Kalvarienbergstraße in Prüm liegen gleich drei Kapellen: die 1983 erbaute Kapelle, bei der der Kreuzweg auf den Kalvarienberg beginnt, die »Pocken«-Kapelle mit einer Pietà aus dem Vorgängerbau, der durch eine Explosion 1946 zerstört wurde, und die St. Wendel-Kapelle, von der die Springprozession nach Echternach ausgeht.

Statuen und Statuengruppen

Unter den 16 Statuen stellen vier den heiligen Johannes von Nepomuk und jeweils zwei den heiligen Willibrord und den heiligen Jakobus dar. Zu den Marienstatuen zählen eine »Maria Regina Pacis« vor der Kirche St. Dionysius in Gondenbrett und eine Mariensäule auf dem Marktplatz in Neuerburg mit der Aufschrift: »Sei weiter Schutz und Schirm der 600-jährigen Stadt.« Zu erwähnen wären auch noch zwei profane, zeitgenössische Statuen: an der Gerhard-von-Are Straße in Bonn eine Frau mit einer Schale, die von der Volksbank zu ihrem 75-jährigen Bestehen aufgestellt wurde, und eine als »Medicus« bezeichnete Plastik vor einer Arztpraxis am Ortsanfang von Neuerburg. Einzige Statuengruppen wären die zwei »Hermen«-Anlagen mit Repliken von römischen Portraitköpfen in Welschbillig.

Stationenwege

Auf dem Weg nach Prüm hinein kommt man am so genannten Ölgarten vorbei. Hier kniet eine lebensgroße Christusfigur aus dem 19. Jahrhundert und dahinter steht ein Bildstock mit der Jahreszahl 1597, der mit der Getsemani-Szene früher einmal die erste Station eines nicht mehr existierenden Kalvarienbergweges war. Der heutige Kreuzweg auf dem Kalvarienberg besteht aus mehreren Stationen-Gruppen mit in Sandstein gehauenen Reliefs, die 1990 von J. B. Lenz gestaltet wurden.

Hinter Neuerburg führt ein Kreuzweg mit 13 Stationen den Berg hinauf, die 14. Station mit der Grablegung befindet sich oben in der Kreuzkapelle. Dieser Kreuzweg von 1895 ersetzt die sieben Fußfälle, die früher zur Kapelle hinaufführten, von denen sechs jetzt am Aufgang zu der dem hl. Nikolaus geweihten Stadtkirche stehen. Eines der in die Wand eingelassenen Reliefs illustriert die Szene: »Da nahm Pilatus Jesum und geisselte ihn«, dazu die Jahreszahl »1757«.

Hinzu kommen noch zwei weitere Kreuzwege. Auf einer Lichtung im Stadtwald von Rheinbach wurde bei der 1681 erbaute Namen-

Jesu-Kapelle im 19. Jahrhundert ein Kreuzweg angelegt, dessen Stationen im Kreis um die Kapelle aufgestellt worden sind. In Bollendorf stehen am Aufgang zur Kirche drei Steine, auf denen jeweils drei Kreuzwegstationen zusammengefasst sind, wobei der vierte Stein mit den letzten drei Stationen (noch) fehlt.

Bildstöcke und Bildbäume
Im Gegensatz zu anderen Gebieten wie z. B. Franken gibt es am Jakobsweg durch die Eifel nur sehr wenige Bildstöcke: so z. B. ein Bildstock mit einer Kreuzigungsszene am Ortseingang von Trier-Biewer und ein auf einer Metallstange aufgesetztes Holzhäuschen mit einem Druck von einer Marienabbildung im Kottenforst hinter Gielsdorf.

Eindeutig als Bildbaum zu bezeichnen, ist nur der direkt an den Baumstamm befestigte, von einem Auswuchs »überdachte« Korpus aus Metall beim Abstieg durch die Klippen nach Bollendorf. Auf dem Waldweg nach Niederraden erinnert nur noch ein Foto in einem am Baumstamm befestigten Bilderrahmen an das so genannten »Kreijschkoos«, ein Kreuz an dem Mütter beteten, wenn ein Kind immer weinte, sprich: kreischte.

Sonstige Formen
In dieser letzten Gruppe sind die Kleindenkmäler zusammengefasst, die sich nicht unter die o. a. Typen einordnen lassen. Wie heterogen diese Gruppe ist, zeigen die folgenden drei Beispiele. Der als »Eiserner Mann« bezeichnete, mittelalterliche Roheisenbarren im Kottenforst gilt seit 1625 als »Grenzmarkierung zwischen Alfter und Heimerzheim im Verlauf der römischen Wasserleitung«. Der vor Dahlem aufgestellte »Vierherrenstein« bildet nach einem Weistum aus dem Jahre 1500 den Schnittpunkt der Gemarkungsgrenzen der Herrschaften Jünkerath, Kronenburg, Schmidtheim und Blankenheim. In den Klippen vor Bollenheim versteckt sich der »Bildcheslay«-Felsen, in den eine »gotische« Spitzbogen-Nische geschlagen wurde, in der eine Marien-Figur steht.

Motivierende Funktionen von Kleindenkmälern

Neben der Definition nach formalen Merkmalen lassen sich die Kleindenkmäler auch nach ihrer Motivation bestimmen: nach dem Anlass der Stiftung und Setzung, nach dem Sinn und Zweck bis hin zur heutigen Funktion. Von den 143 Kleindenkmälern haben nur 14 eine profane Funktion, hatten z. B. als Marktkreuz, Gerichtssäule oder Grenzsteine eine rechtliche Bedeutung. Ein Stein am Weg nach Münstereifel

Marktkreuz von 958 auf dem Hauptmarkt von Trier: Unter dem bekrönenden Kreuz mit einem Lamm Gottes gibt die umlaufende Inschrift Auskunft über den Initiator: »Me erexit Henricus Archiepiscopus Treverensis.«

z. B. markiert die südliche »Territorialgrenze des Kurfürstentums Köln« und ein Stein von 1610 auf der Höhe vor Waxweiler die ehemalige Grenze zwischen der Herrschaft Neuerburg und dem Kurfürstentum Trier.

Religiöse Motivationen

129 Kleindenkmäler sind religiös motiviert. Dieser mit rund 90% hohe Anteil ist nicht verwunderlich, da der größte Teil der Strecke durch die katholisch geprägten, ehemaligen Gebiete der Kurfürstentümer Köln und Trier und des Herzogtums Luxemburg und z. T. über alte Wallfahrtswege geführt wird. Aufgestellt wurden sie aus verschiedenen Motiven:

- Zu Ehren Gottes und zur Heiligenverehrung: An der Straße nach Lorich hat »Zu Ehren Gottes und des hl. Paulinus (hat) die dankbare Gemeinde Lorich diese Kapelle errichtet – A. D. 1946 – Schenke uns den Frieden«.
- Zum Gedächtnis für Verstorbene: Unter dem Kreuz am Ortsausgang von Buschhoven » ...ruht Anton Meller. Geb.(oren am) 16. Apr.(il) 1822, gest.(orben am) 25. Okt.(ober)1869. Friede seiner Asche«.

Das Rochus-Kreuz mit Pilgermuschel am Ortseingang von Neuerburg: Zeichen dafür, Weg und Flur auch heute wieder oder noch unter den Schutz der Heiligen zu stellen.

Eine der Nepomuk-Statuen am Jakobsweg: hier die Sandstein-Skulptur auf der Brücke über die Ahr in Blankenheim.

- Zum Gedenken an die Stifter: das Schaftkreuz vor St. Matthias in Trier hat »Anno 1668 (hat) der ehrbare Schneider Wilhelm und seine Hausfraw Lucia von S. Mattheis (dieses Creutz) zur Ehren Gottes lassen auferrichten«. Während zu dieser Inschrift stolz die Schere als Handwerkszeichen hinzugefügt worden ist, haben auf dem Krautscheider Kreuz von 1781 vermutlich die Stifter sich selbst abbilden lassen.
- Zur Erinnerung an ein Unglück, an Seuche und Krieg: in dem am Aufgang zur Kirche von Butzweiler in der Mauer eingelassenen Heiligenhäuschen wird mit kleinen, um eine Pietà angeordneten Holzkreuzen der im Krieg gefallenen Soldaten der Gemeinde gedacht.
- Zur Sühne und Buße: Das Kreuz an der Kirche von Waldorf erinnert an die »Heilige Mission 1929« und fordert den Vorübergehenden auf: »Rette Deine Seele«.

Viele von den religiösen Malen erfüllen anscheinend auch heute noch eine rituelle Funktion, werden gepflegt, geschmückt und restauriert wie z.B. die Kreuzwegstation in Gielsdorf. Sie bieten die Möglichkeit zum persönlichen Gebet, z.B. in der Lourdes-Kapelle in Frohngau mit einem neben der Madonna aufgestellten Mariengebet in einem Bilderrahmen und mit Danktafeln für erhörte Gebete. In Frohngau gibt es noch vier weitere Weg-Kapellen, die als Prozessionsstationen errichtet wurden und als solche auch heute noch oder heute wieder genutzt werden.

Wallfahrt und Pilgerschaft als Anlass

Einige der religiös motivierten Kleindenkmäler wurden von Wallfahrern bzw. für Wallfahrer zum Matthias-Grab in Trier und zum Willibrord-Grab in Echternach an den Wallfahrtswegen aufgestellt, über die streckenweise auch der Jakobsweg geführt wird.

Am »Eifelverein(weg) 6, (dem) Matthias-Weg« haben Bruderschaften Wallfahrtskreuze errichtet, z.B. zwischen Blankenheim und Nonnenbach: »Aufgestellt am 15.03.1991. Eingeweiht am 25.04.1991« von der »St. Matthias-Bruderschaft/Kommern/1980«. Darunter das Wallfahrts- und Bruderschaftszeichen: der Pilgerstab gekreuzt mit dem Beil, mit dem der Apostel Matthias erschlagen worden ist. In Blankenheim vor der Kirche Maria-Himmelfahrt wurde auf einem modernen Sockel ein historisches Relief mit einer Darstellung des Apostels Matthias aufgesetzt, darunter die Inschrift: »St. Matthias bitte für uns«.

Der »Eifelverein(weg) 7, (der) »Willibrordus-Weg« führt durch Waxweiler, vorbei an einem Brunnen mit einer Willibrord-Statue: Ausgangspunkt einer der Springprozessionen nach Echternach. Vor der Basilika in Echternach steht ebenfalls eine Statue des hl. Willibrord, der als angelsächsischer Missionar 697/698 das Kloster Echternach als Missionsstützpunkt gegründet hat und in der Krypta von St. Peter und Paul begraben wurde: Ziel der Willibrord-Wallfahrt und der Echternacher Springprozession zu Ehren des Patrons der Beneluxländer.

Vor der Jakobus-Kirche in Gielsdorf, in der spätmittelalterliche Fresken vom Hühnerwunder zu sehen sind, wurde im Jahre 2003 ein Bildstock zu Ehren des heiligen Jakobus als Patron der Pilger eingeweiht. In Biewer, wo die alte Römerstraße und der heutige Jakobsweg die Mosel erreicht, steht seit 1832 ein Jakobsbrunnen und in Trier an der Moselstraße vor den Vereinigten Hospitien eine Statue des Heiligen Jakobus, dargestellt als ein zielstrebig ausschreitender Pilger auf dem Weg nach Santiago de Compostela.

Zusammenfassung und Bewertung

Die erfassten Kleindenkmäler, besonders die religiös motivierten Male am Jakobsweg von Bonn nach Trier sind für den Wanderer, besonders natürlich für den Wallfahrer und Pilger,

- motivierende Marginalien am Wegesrand, Randbemerkungen, Anregungen zu einem »Memento«: »Wanderer, wer Du auch bist, bedenke dass Christus einst Dein Richter ist.«
- Sie sind ein willkommener Anlass, einen Moment innezuhalten und in sich zu gehen, zu betrachten, zu gedenken und nachzudenken; zu lesen, zu beten und vielleicht sogar das in einem Bildstock vor Rommerskirchen eingravierte Lied »Maria breit den Mantel aus…« zu singen.
- Sie bieten sich an als Pausen- und Treffpunkte und können letztlich auch als Halt- und Zwischenstationen auf einem als Pilgerschaft angelegten Lebensweg verstanden werden.

Bewusst wahr- und angenommen ist ein Kleindenkmal am Wegesrand mehr als eine Randerscheinung. Es ist wie das Kreuz vor der Basilika in Münstereifel ein zusätzliches Angebot und eine Wegbereicherung, eine kulturelle Erweiterung und eine spirituelle Vertiefung. Die Inschrift mit dem Jesus-Wort »Ich bin der Weg, die Wahrheit und das Leben« gibt dem Weg und dem Unterwegssein seine im Wortsinn »christ«liche Dimension.

Übernachten in Bad Münstereifel, Prüm und Echternach

Für die Broschüre »Essen und Schlafen am Jakobsweg von Köln nach Trier« von Heinrich Wipper lieferte ich drei Erfahrungsberichte, die hier ungekürzt präsentiert seien.

Bad Münstereifel

Strecke 3: Von Euskirchen nach Bad Münstereifel
Was die Übernachtung angeht, war heute in Bad Münstereifel für mich die erste Wahl die im Führer angegebene Pilgerherberge: »St.Josefshaus, c/o Pfarramt St. Chrysanthus und Daria, Langenhecke 3.« Also von der Stiftskirche einfach kurz über die Straße zum Pfarrhaus. Doch: Stop! Da war schon jemand: vor der Tür stand ein – na ja sag ich es mal so, wie es aussah – ein »Penner«, der eifrig auf den Pfarrer einsprach. Da kannst Du jetzt nicht stören, dachte ich mir. Also abwarten. Das Gespräch ging hin und her, zog sich hin und dann wurde es etwas abrupt vom Pfarrer beendet. Die Tür schloss sich und der »Penner« zog – unverrichteter Dinge?! – ab. Da kannst du jetzt nicht sofort rüber gehen, anläuten und – na ja ich sag es mal so, wie es sein könnte – als »Pilger« um ein Bett im Pilgerhaus bitten und damit den Pfarrer vielleicht in Verlegenheit bringen. Also erst noch einmal durch die Stadt gehen und dann anläuten. Gesagt getan: Die Tür geht auf, der Pfarrer erscheint. Ich stelle mich als »Pilger« vor und bitte um ein Nachtquartier. Der Pfarrer bedauert, kann (will?) mir – wer weiß warum – kein Bett anbieten und verabschiedet mich freundlich mit »Gottes Segen auf Deinen Wegen«. Da stand ich da, nicht ganz so freundlich, eher etwas trotzig: Wenn kein Pilgerhaus, dann eben die Jugendherberge, auch wenn sie nicht gerade nebenan, sondern oben auf dem Berg liegt. »Aber in der Herberge war kein Platz mehr!« Also den ganzen Weg wieder hinunter in Stadt, am stoisch dastehenden Nepomuk vorbei, geradezu auf das Hotel »Jungmühle« zu. Ein einladendes, rustikales Fachwerkhaus mit dem im Winkel angebauten und ausgebauten Müh-

lenbau. Drinnen etwas überraschend ein »Schöner Wohnen«-Ambiente, Dämmerstimmung, Ruhetag-Stille. Für einen Moment habe ich das Gefühl, dass hier keine Gäste erwartet werden und Wanderer nicht erwünscht sein könnten. Aber im dritten Anlauf habe ich Glück: Ich kann bleiben und bekomme ein kleines, aber sehr gemütliches Zimmer (für 45,00 Euro). Am anderen Morgen eine ganz andere Atmosphäre: in einem lichten Raum ein delikates und üppiges Frühstück in Gesellschaft einer recht munteren Wandergruppe. Wir brechen gemeinsam auf, gehen ein Stück zusammen, dann trennen sich unsere Wege …

Hotel Jungmühle, Unnaustraße 14, 53902 Bad Münstereifel,
Tel. 02253/92090 *(28. September 2004)*

Prüm

Strecke 5: Von Kronenburg nach Prüm

Weil ich mir oberhalb von Prüm auf dem Kalvarienberg am Explosionskrater das Mahnmal und die von J. B. Lenz gestalteten Kreuzwegstationen in aller Ruhe angesehen hatte, fing es schon an zu dämmern als ich mich auf den Weg runter in die Stadt machte. Es blieb also nicht viel Zeit, um vor Dunkelheit ein Quartier zu finden. Und wer hätte das gedacht: Kurz vor dem Zentrum tauchte auf der rechten Seite der Kalvarienbergstraße – wie eine Fata Morgana – das voll erleuchtete Jugendgästehaus auf. Es war also – wie in meinem Jakobswege-Führer von 2002 angekündigt – wirklich 2004 eröffnet worden. Es liegt direkt am Weg und ist überhaupt nicht zu übersehen: eine Gruppe von raffiniert ineinander geschachtelten dreigeschossigen Häusern mit fein aufeinander abgestimmten, pastellfarbenen Fassaden. Überraschend weiträumig auch das Foyer, das einem Hotel alle Ehre machen würde. An der Rezeption ein freundlicher, junger Mann, dem ein kurzer Blick auf mein DJH-Ausweis genügte und der mir dann nicht nur ein Bett, sondern ein ganzes Zimmer anbieten konnte. Mit Frühstück für 30,70 Euro, (die ich allerdings auch sofort bezahlen musste). So hatte ich ein (fast) ganz neues Zimmer mit vier Betten und mit einer blitzblanken und auch funktionierenden Dusche und das Ganze ganz für mich allein. Natürlich hätte ich auch noch im dazugehörigen Restaurant mit dem etwas merkwürdigen Namen »Kalino« bestimmt gut zu Abend essen können, aber ich wollte noch hinunter in die Stadt und in die Abteikirche St. Salvator. Obwohl es nur ein Weg von ein paar Minuten ist, kam ich leider zu spät. Die Kirche war schon geschlossen und so musste für heute Abend der Blick auf die prächtige,

von zwei Türmen flankierte Barockfassade reichen und die Besichtigung auf morgen früh verschoben werden. Als ich nach einem leckeren und etwas längeren Abendessen in der gegenüber liegenden, äußerst gemütlichen »Stiftsklause« in mein Gästehaus zurückkehrte, war ich dann doch sehr froh, dass die elektronische Türöffnung problemlos funktionierte. Ab in eines meiner vier, pastellfarben bezogenen Betten, durchgeschlafen und früh aufgewacht mit dem ersten Sonnenlicht, das äußerst hell durch die bodentiefen Fenster fiel. So konnte ich das noch fast unberührte Frühstücksbuffet in aller Ruhe genießen, mich bei dem jungen Mann an der Rezeption für eine Gast/Freundschaft, die diese Bezeichnung verdient, bedanken und stand vor der Abteikirche, als die Türen um 8:00 Uhr wieder geöffnet wurden.
Jugendgästehaus Eifel, Kalvarienbergstraße 5, 54595 Prüm,
Tel. 06551/2500 *(1. Oktober 2004)*

Echternach

Strecke 9: Von Mettendorf nach Echternach
Die ehemalige Eisenhütte mit dem dazugehörigen, heute noch existierenden Barockschloss ist schon ein etwas außergewöhnliches »Industriedenkmal« und war darum den Abstecher nach Weilerbach wert. Und nun noch ein weiterer, vielversprechender Abstecher: über die Sauer und die Grenze hinweg nach Luxemburg hinüber und nach Echternach hinein. Damit wird der Weg eine kurze Wegstrecke lang wirklich »französisch«. Und da mir heute nicht nach der im Führer angesagten Jugendherberge ist, biege ich auf Höhe des Bahnhofs auf gut Glück einfach in die Rue de la Gare ab. Und schon ganz zu Anfang der Straße bietet sich auf der linken Seite das »Hôtel Aigle Noir« an, ein auf den ersten Blick wenig nostalgisch wirkender 50er-Jahre-Zweckbau ohne schwarzen Adler. Auf der Trottoire-Terrasse erst einmal ein Bier getrunken, auf dem Weg zur Toilette das Innere inspiziert, dann noch einen Blick auf die Speisekarte geworfen. Da der routinierte Kurzcheck die Gesamtnote »Gut« ergab, habe ich den Rucksack hereingeholt und die leicht amüsiert lächelnde Madame hatte schon einen Zimmerschlüssel auf den Tresen bereit gelegt. Leider gab es nicht die in Frankreich häufig übliche, kostengünstige Halbpension, wohl aber ein Zimmer mit »Grand lit« und »Petit Déjeuner« zum stolzen, weil über dem Durchschnitt liegenden Preis von 48,00 Euro. Dafür hatte das Zimmer durchaus ein wenig französisches Flair und einen entsprechenden, nicht unangenehmen Geruch. Nach dem Duschen ein

kurzer Blick in den Stadtplan: die nächste Straße links, durch die Orangerie hindurch und schon müsste ich an der Abtei und der Basilika mit dem Grab des hl. Willibrord sein: Ziel des Willibrordweges und der Jahrhunderte alten Wallfahrt. Ohne das ständige Springprozessionen-Hin und -Zurück müsste ich also schnell dort sein … Nach ausführlicher Besichtigung und auch ein wenig Besinnung leiste ich mir dann im Hotelrestaurant ein opulentes Abendessen: Escargots, dann Truite aux Amandes, danach eine Crème brulée, dazu einen Edelzwicker und noch einen als Betthupfer für mein Grand lit: Bonne Nuit!

Hôtel Aigle Noir, 54, rue de la Gare, L-6440 Echternach,
Tel. 00352/720383 *(4. Oktober 2004)*

2005 Frankreich / Spanien

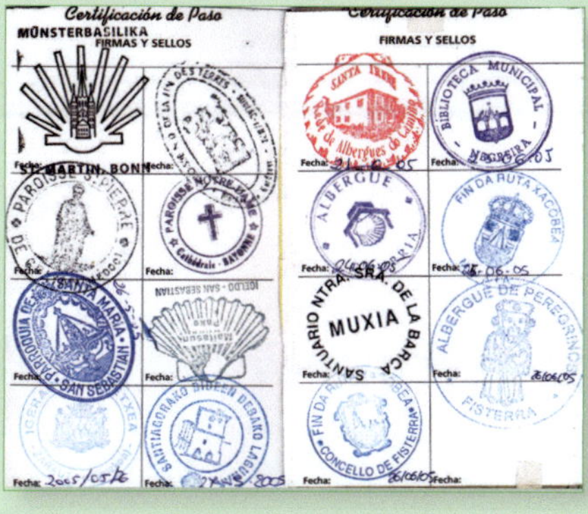

Auf dem Atlantikküsten-Camino von Soulac-sur-Mer nach Santiago de Compostela / Fisterra

10.5.2005 Von **Bordeaux** mit Zug und Bus nach **Soulac-sur-Mer** an der Mündung der Gironde in den Atlantik – Aufbruch von **Notre Dame de la Fin des Terres** zur Wanderung an der Küste entlang Richtung Süden über **Bayonne** nach **Irún** in Spanien – Weiter auf dem **Camino del Norte** Richtung Westen über **San Sebastian, Bilbao, Santander** – Von **Unquera** an der Küste Abstecher zum **Kloster Santo Toribio de Liébana** in den **Picos de Europa** – Weiter an der Küste entlang über **Llanes** bis **Vega** und dann ins Landesinnere bis **Oviedo** – Weiter auf dem **Camino Primitivo** über **Lugo** nach **Palas de Rei** – Auf dem **Camino Francés** bis **Santiago de Compostela**: Ankunft: **22.06.2005** – Weiter über **Muxía** nach **Fisterra** (insgesamt: **1197 km**) – Am **30.06.2005** Rückfahrt von Santiago mit dem Zug nach Bonn.

- »Atlantikküsten-Camino – Von einem zum anderen Ende der Welt« (»Kalebasse« Nr. 39, S. 69–87, Februar 2006)
- »18 Stunden in Lugo« (»Kalebasse« Nr. 40, S. 96–101, Juli 2006)

◀ Auf meinem Atlantikküsten-Camino von einem zum anderen Ende der Welt: immer an der Küste entlang, manchmal auch barfuß über kilometerlangen Sandstrand bis zur nächsten Bar und Bucht.

Atlantikküsten-Camino

Von einem zum anderen Ende der Welt

Die Idee war, nach meinen Wanderungen auf der Via Podiensis von Le Puy bis Pau in den Jahren 2000, 2001 und 2002 und auf dem Camino Francés vom Somport-Pass in den Pyrenäen nach Santiago de Compostela und Fisterra im Frühsommer 2003, einen weiteren Camino kennen zu lernen und diesmal den Weg entlang der Atlantikküste zu gehen.

Der Weg führte von Notre-Dame de la Fin des Terres in Soulac-sur-Mer auf Küstenwegen durch die südfranzösischen Départements Gironde, Landes und Pyrénées-Atlantiques und auf dem Camino del Norte und Primitivo durch die nordspanischen Provinzen Pais Vasco, Cantabria, Asturias und Galicia nach Santiago de Compostela und weiter bis zum Cabo de Fisterra, wobei das Ziel von vornherein feststand, der Startpunkt sich mehr zufällig ergab und den diesjährigen Weg unter das Motto stellte: »Von einem zum anderen Ende der Welt.«

Der Zeitraum von Mitte Mai bis Anfang Juli 2005 war bewusst gewählt. Im Frühsommer ist das Klima am angenehmsten und die Vegetation am schönsten. Die Ferienzeit und die Badesaison haben noch nicht begonnen, was Vor- und Nachteile hatte. Einerseits waren noch nicht so viele Urlauber unterwegs, andererseits waren viele Hotels und Restaurants an der Küste noch geschlossen und das Meer für eine Abkühlung noch zu kalt.

Der Bericht basiert auf den Notizen in meinem Tagebuch, in denen ich konkrete Anmerkungen zu dieser Wegvariante gemacht habe. Es handelt sich dabei um persönliche Wegerfahrungen, die mehr als praktische Hinweise gedacht sind für diejenigen, die diesen Atlantikküsten-Camino auch einmal gehen wollen.

Der Küstenweg in Südwestfrankreich

Im Laufe der Jahrhunderte haben sich in Frankreich vier Hauptwege in Richtung Santiago de Compostela herausgebildet, von denen der

An der Pointe de Grave, der nördlichen Spitze des Médoc, wo die Gironde (= Mündungstrichter der Garonne) in den Antlantik übergeht, beginnt der französische Küstenweg. Schon nach ein paar Kilometern wird der alte Ort Soulac erreicht.

westlichste die Via Turonensis ist, die über Bordeaux und Dax nach Saint-Jean-Pied-de-Port führt, wo der Camino Francés beginnt. Pilger, die mit dem Schiff aus Nordeuropa kamen, wählten aber häufig den direkten und kürzesten Weg von Soulac-sur-Mer an der Gironde-Mündung die Atlantikküste entlang bis nach Saint-Jean-de-Luz am Fuße der Pyrenäen. In dem von Paolo Caucci von Saucken herausgegebenen Standardwerk »Santiago de Compostela – Pilgerwege« (Weltbildverlag, Augsburg 1998) wird dieser Weg in den geschichtlichen und geografischen Zusammenhang eingeordnet und in das europäische Jakobswege-Netz als »weiterer Weg« eingefügt. In den französischen

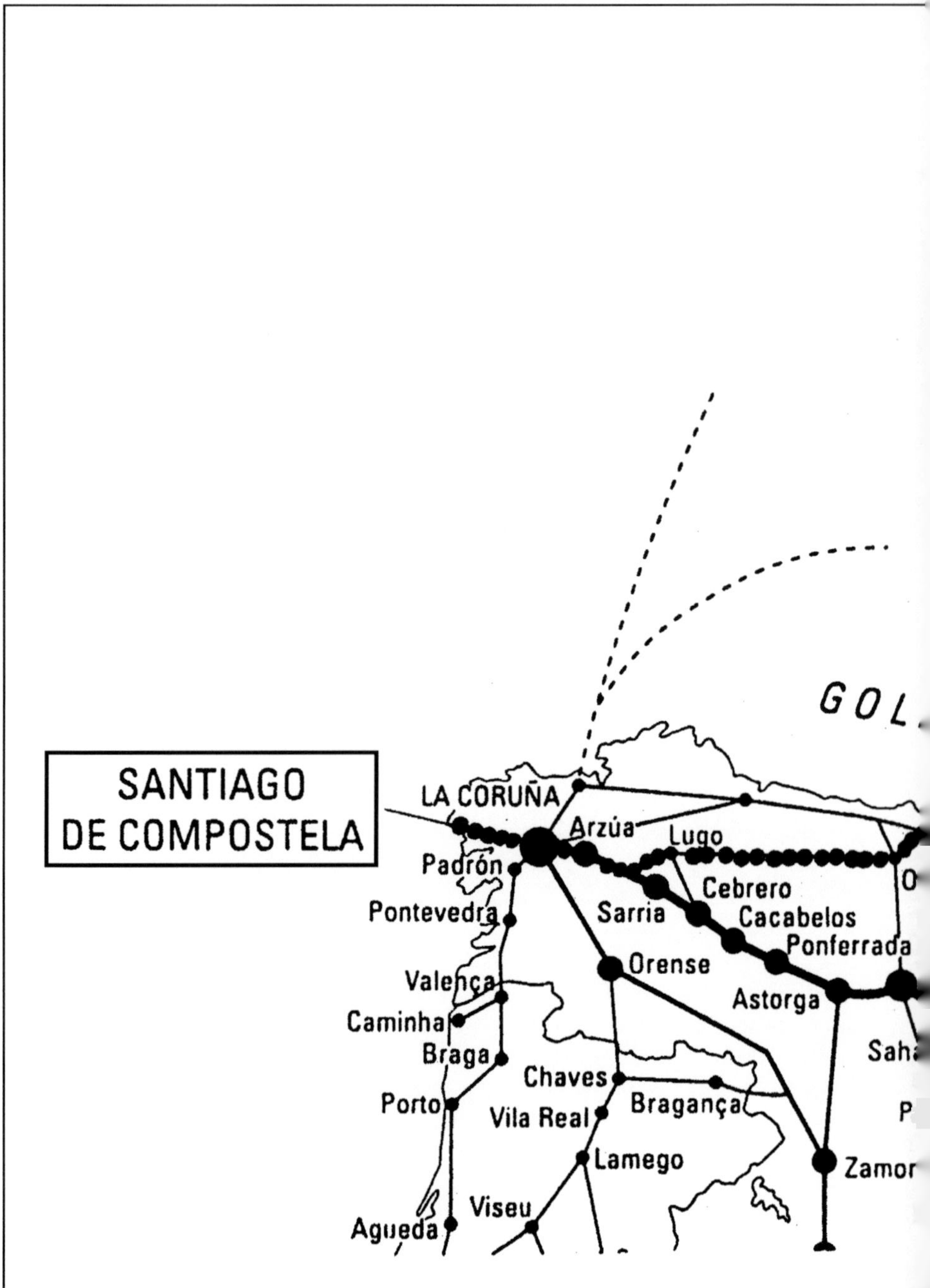
SANTIAGO DE COMPOSTELA
LA CORUÑA
Arzúa
Lugo
Padrón
Cebrero
Pontevedra
Sarria
Cacabelos
Ponferrada
Orense
Valença
Astorga
Caminha
Braga
Chaves
Bragança
Porto
Vila Real
Lamego
Viseu
Agueda

Brech
Vannes
Redon
Le Mans
Angers
Saumur
Bourgneuf
Nantes
Chinon
Challans
Thouars
Les Sables d'Olonne
Parthenay
Niort
POITIERS
Le Rochelle
Saint Jean d'Angely
Melle
Saintes
Cognac
Soulac
Angoulême
Périgueux
BORDEAUX
Saint Emilion
Souillac
La Réole
Agen
Santander
MOISSAC
San Sebastián
Dax
AUCH
Bilbao
Ostabat
Toulouse
Tolosa
Briviesca
Vitoria
Pte.la Reina
OLORON
Saint Gaudens
CASTRES
Ebro
BURGOS
Estella
Nájera
PAMPLONA
Foix
Belorado
LOGROÑO
Sangüesa
Jaca
Viella
Santo Domingo de la Calzada
Calahorra
Huesca
Seo de Urgel
Soria
Ripoll

Die romanische Kirche Notre-Dame de la Fin-des-Terres (12. Jahrh.) von Soulac verschwand im 18. Jahrhundert unter einer großen Sanddüne und wurde ab 1860 wieder freigelegt.

Reiseführern »Les Chemins de Saint-Jaques de Compostelle« (In Situ Thèmes, MDM 1999 oder Éditions Sud Ouest 1999) wird der Weg an der Küste entlang nur mit ein paar Zeilen erwähnt. In der Broschüre »Jakobswege in Südfrankreich« (Comité Régional du Tourisme d'Aquitaine und Comité Régional du Tourisme de Midi-Pyrénées, ohne Jahr) wird er als »Küstenweg« in der Übersichtskarte eingezeichnet und auf zwei Seiten kurz beschrieben, wobei im Text nur die Rede ist von »gekennzeichneten Fahrradwegen, die von Soulac bis zur spanischen Grenze führen«. Am Pointe de Grave an der Spitze der Gironde-Mündung sind gleich zwei Jakobsweg-Schilder mit dem Muschel-Symbol aufgestellt: Ein schon leicht verwitterter Wegweiser aus Holz mit der Aufschrift »Chemin de Saint-Jaques de Compostelle / Soulac suivre la piste cyclable« und ein anscheinend neues, kunststoffbeschichtetes Blechschild in den Farben Blau und Gelb mit der stilisierten Muschel und der Aufschrift »Chemin de Saint-Jaques de Compostelle / Voie de Solulac / Littoral Aquitain«.

Statue der Notre-Dame de la Fin-des-Terres (= Unsere Liebe Frau vom Ende der Welt) in der gleichnamigen Kirche von Soulac.

Die Jakobusstatue in der Kirche von Soulac erinnert daran, dass viele Jakobspilger, die mit Schiff hierher gekommen waren, zu Fuß auf dem Küstenweg weiterzogen.

Entsprechend diesen Angaben ist der Weg auch nur bis Soulac ausgezeichnet und erst viel weiter südlich nach Vieux Boucau-les-Bains habe ich dann wieder einige Schilder mit gelber Muschel auf blauem Grund gesehen. Lange Rede kurzer Sinn: Es gibt (bis jetzt) keinen durchgehenden, ausgeschilderten Jakobsweg, wohl aber den rot/weiß gekennzeichneten Wanderweg GR 8 an der Atlantikküste entlang und eine Reihe von lokalen und regionalen Fahrradwegen als Verbindungen zur Küste und von Ort zu Ort.

Der GR 8 ist in der Michelin-Karte 335 Local »Gironde, Landes« (1:175 000) eingezeichnet. Die Fahrradwege finden sich auf den IGN-Carte de Promenade 46, 55 und 62 (1:100 000). Sehr hilfreich und in der Regel aktuell sind die von den regionalen und lokalen Tourismus-Büros als Faltblätter herausgegeben »Guides-Plans« für »Randonnées pédestres & Pistes cyclabes«.

Mit diesem Kartenmaterial ausgestattet und das Meer immer rechts liegen lassend, war es kein Problem, den richtigen Weg zu finden. Pro-

Brücke über den Adour in Bayonne, im Hintergrund die Türme der Kathedrale. An der Brücke mündet die Nive in den Adour, der sich nach ein paar Kilometern in den Atlantik ergießt.

blematischer gestaltete sich immer wieder die Suche nach einer Übernachtungsmöglichkeit. Da es keine Pilgerherbergen gibt, die meisten Hotels an der Küste noch geschlossen waren und die Gîtes ruraux in der Regel keine Gäste für eine Nacht aufnehmen, musste ich mich mit dem begnügen, was sich am täglichen Etappenende anbot, oder bis zum nächsten Ort weiterlaufen (manchmal – wenn die Füße nicht mehr wollten – mit Bus, Zug oder Autostop auch weiterfahren) oder ins Landesinnere ausweichen. Die Preise liegen zwischen 30 und 60 Euro für das Zimmer. Es lohnt sich also zu Zweit oder zu Dritt unterwegs zu sein, nicht nur um die Kosten zu teilen, sondern auch um die Gelegenheit zu haben, sich in Gesprächen mitzuteilen. Erst nach fast 250 km habe ich eine Pilgerin getroffen. Sie war die Via de la Plata nach Santiago gegangen, befand sich auf dem Rückweg in die Schweiz und kam mir an der Küste zwischen Capbreton und Bayonne entgegen, so dass nicht einmal die Chance bestand, ein Stück des Weges gemeinsam zu gehen oder sich irgendwann und -wo wieder zu sehen. So konnte einem der Weg manchmal recht lang und auch langweilig werden, weil die häufig gradlinigen Pisten durch die endlosen Pinienwälder in der flachen Dünenlandschaft wenig Abwechslung bieten. Darum scheint mir diese Wegstrecke mehr etwas für Alleinläufer zu sein, eher geeignet, um sich als Wanderer in aller Ruhe allmählich einzulaufen und dabei als Pilger wie in vorbereitenden Exerzitien in sich zu gehen.

Nichtsdestotrotz war es immer wieder schön, bei wechselnden Gezeiten und Lichtstimmungen auf das Meer hinauszuschauen und sich an den weißen Sandstränden auszuruhen, im Halbschatten die lichten Wälder zu durchwandern und in kleinen Landgasthöfen die französische Küche zu genießen. In Erinnerung bleiben: die höchste Düne Europas bei Pilat, das artenreiche Vogelschutzgebiet bei Arcachon, die stillen Binnenseen wie der Etang Noir bei Seignosse. Ausgangspunkt war die Kirche Notre-Dame de la Fin des Terres in Soulac, die zurückgeht auf einen der Jakobslegende ähnlichen Volksglauben, nach dem hier in der Zeit um 50 n.Chr. die heilige Veronika mit einem Schiff angelegt haben soll. Im 12. Jahrhundert im romanischen Stil erbaut und seit dem 18. Jahrhundert in den Dünen versinkend,

Hl. Jakobus am Portal (13. Jahrh.) der gotischen Kathedrale von Bayonne

wurde die Kirche in der 2. Hälfte des 19. Jahrhunderts wieder ausgegraben und restauriert. In der Kirche steht neben dem Gnadenbild mit der Muttergottes und dem Jesuskind auch der Apostel Jakobus als Pilger. Auf dem Wege finden sich weitere Jakobusstatuen in Carcans, Lacanau und Le Teich sowie in Mimizan eine aus dem 12. Jahrhundert, die damit wohl die älteste Jakobusstatue in Frankreich ist. Letztere habe ich leider nicht gesehen, weil das Museum dort noch geschlossen war. Bei einem Abstecher nach Bordeaux habe ich im Vorort Gradignan das ehemalige Hospital im Priorat de Cayac besucht, vor dem eine Plastik mit einem sich ausruhenden Pilger steht und in dem auch heute noch Pilgern ein Nachtquartier angeboten wird. End- und Höhepunkt dieser Wegstrecke war Bayonne an den Ufern des Adour, den alle vier Wegvarianten durch Frankreich überqueren müssen. In der für den Midi einzigartigen, spätgotischen Kathedrale erinnert eine Jakobusstatue aus dem 13. Jahrhundert an die lange Pilgertradition auf diesem Jakobsweg.

Der Küstenweg in Nordspanien

Der Küstenweg, auch Camino del Norte genannt, wird – genau so wie der Camino Primitivo – in der Literatur ebenfalls zu den »weiteren Wegen« gezählt und in den Karten nur mit einer dünnen Linie angedeutet, kann aber als ein voll erschlossener Jakobsweg bezeichnet werden. Es gibt sehr ausführliche Wanderführer wie z. B. das Outdoor-Handbuch, Band 71 »Nordspanien: Jakobsweg/Küstenweg« von Michael Kasper, der leider Anfang des Jahres 2005 verstorben ist. Als ein großer Vorteil erwies sich, dass dieser Führer kurz vor meinem Aufbruch in der 4. Auflage neu herausgekommen war und damit wirklich aktuell über Wegführung und Übernachtungsmöglichkeiten informiert (Conrad Stein Verlag, Welver 2005). Wegen der anschaulichen Karten und Höhendiagrammen und vor allem wegen der vielen »Datos prácticos« mit konkreten Adressen, Telefonnummern, Preisangaben usw. ist der spanische Führer »El Camino de Santiago del Norte – Monumentos, Albergues, Etapas, Servicios« (aus der Reihe »El Pais Aguilar«, Madrid 2004) auch für Wanderer und Pilger, die kein Spanisch verstehen, mehr als hilfreich.

Die gesamte Wegstrecke von Irun bis Santiago ist mehr oder weniger dicht und ins Auge fallend mit gelben Pfeilen und gelben Muscheln auf blauem Grund ausgezeichnet, so dass sich niemand verlaufen kann, vorausgesetzt er findet sich bei Kaspers Weg-Alternativen zurecht und immer wieder auf den rechten Jakobsweg zurück. Etwas

Auf dem spanischen Küstenweg müssen eine Reihe von breiten Flussmündungen überquert werden, hier die bei Pasaia Donibane vor San Sebastián

gewöhnungsbedürftig und auch anstrengend empfand ich anfänglich das ständige Auf und Ab wegen der vielen Meereszuflüsse. Immer wieder muss man von den Bergen, die bis zu 400 m hoch sein können, hinunter in die Täler auf Meereshöhe und auf der anderen Seite wieder hinauf, bis zu drei-, viermal am Tag. Manche dieser Zuflüsse lassen sich auf Brücken überqueren, z. B. recht spektakulär in der »Gondel« der im Jahre 1893 gebauten Hängebrücke nach Portugalete, und wenn sich die Flüsse zu breiten Buchten ausgedehnt haben, übernehmen kleine Boote den Fährdienst. Die Überfahrten nach Santona oder Santander verkürzen nicht nur der Weg, sondern waren für mich auch eine recht angenehme Abwechselung. Und noch eine angenehme Entdeckung: Durch den Bau der Autobahn A8 fahren auf der N632 und N634 streckenweise fast keine Autos, so dass ich immer wieder einmal die Küstenstraßen wie früher als Pilgerwege genutzt habe, um auf dem Weg zügiger voranzukommen und ein Ziel schneller zu erreichen.

Überwiegend habe ich in Hostals, Pensionen und Hotels übernachtet und für das Zimmer zwischen 15 und 45 Euro gezahlt. So weit

Der Verfasser mit einer Pilgerstatue vor den Picos de Europa

vorhanden bin ich in Herbergen gegangen. Die Jugendherbergen wie z. B. in Zarautz oder in Santona sind großzügig ausgebaut und sehr gut eingerichtet, sie nehmen Wanderer mit Pilgerausweis auf und berechnen 10–15 Euro für die Übernachtung im Mehrbettzimmer. Hinzukommen einige Pilgerherbergen z. B. in Deba, Polanco, Unquera, La Isla. Sie sind allerdings nur über das Tourismusbüro, die Polizeistation oder eine Privatadresse zugänglich und im Vergleich zu denen auf dem Camino Francés sehr klein, was aber kein Problem war, weil ich dort allein oder nur mit zwei, drei weiteren Pilgern übernachtet habe. Der Aufenthalt in allen Herbergen war sehr angenehm und darum mir immer ein großzügiges Donativo wert. Nur die Pilgerherberge in Santander habe ich weniger gut in Erinnerung: Aus mir unerklärlichen Gründen waren hier ausnahmsweise fast alle Betten belegt, in den Wasch-, Ess- und Schlafräumen wurde es eng und zwischen der feuchten Wäsche in der schwülen Nacht recht stickig, so dass ich mich trotz Nieselregens sehr früh wieder auf den Weg gemacht habe. Im Gegensatz dazu wäre ich in den drei Zisterzienserklöstern, in denen ich übernachtet habe, gern länger geblieben. Das bereits im 11.

Am Südhang des Monte Naranco (2 km nordwestlich von Oviedo) stehen zwei bedeutende vorromanische Kirchen: Santa María del Naranco und San Miguel de Lillo. Im Bild Santa María del Naranco, ein ehemaliger Königspalast, den Ramíro I. (824–850) erbauen ließ. Ab dem 13. Jahrhundert dient der Bau als Kirche.

Die Kirche San Miguel de Lillo wurde vom asturischen König Ordono I. (850–866) gestiftet und gehörte zu einer Gruppe nicht mehr erhaltener königlicher Bauten.

Jahrhundert gegründete Monasterio de Zenarruza liegt einsam in den Bergen, bietet dem Pilger in einem modernen Anbau Übernachtung mit Abendessen und Frühstück und hat mich durch seine kontemplative Ruhe beeindruckt. Im Kloster Santa María de Viaceli in Cóbreces wurde ich von einem Mönch sehr freundlich aufgenommen und in einem Zweibettzimmer mit Dusche und Toilette im Torhaus untergebracht, umgeben von einem zum Ausruhen einladenden Klostergarten. Ausgangs- und Anziehungspunkt der großen Klosteranlage im Valdediós ist die kleine, präromanische Kirche San Salvador und vor den Toren gibt es einen sehr gemütlichen Gasthof. Was macht es da schon, wenn der Empfang etwas kühl und der alte Schlafsaal kalt und feucht war. Die Einladung zur Teilnahme am Chorgebet als eines der wenigen kirchlichen Angebote auf dem Camino del Norte habe ich in allen drei Klöstern gern angenommen.

Abgesehen von der Herberge in Santander habe ich auch auf der Wegstrecke zwischen Irún und Oviedo nur wenige Mitpilger und -wanderer gesehen und von den wenigen habe ich nur ein paar zwei-, dreimal wieder getroffen: einen jungen Mann aus Magdeburg (?), zwei junge Frauen aus München so wie drei ältere Ehepaare aus Norddeutschland, Belgien und der Schweiz. Immerhin ergab sich so wenigstens die Gelegenheit zu dem ein oder anderen Gespräch über das Woher, Wohin und Warum und natürlich über all das, was es unterwegs zu sehen und zu besichtigen gab, auf das ich hier aus Platzgründen nicht näher eingehen möchte.

Hier nur einige für mich persönlich bedeutende Eindrücke und bleibende Erinnerungen: der spektakuläre Gehry-Bau und die zeitgenössische Kunst im Guggenheim-Museum in Bilbao; das zum Nachdenken anregende Friedensmuseum in Gernika und die sehr anschauliche Dokumentation zur Höhlenmalerei in Altamira; das mittelalterliche Stadtbild von Santillana, der imponierende Kathedral-Komplex mit der Casa Santa in Oviedo und die präromanische Architektur der zwei kleinen Kirchen auf dem Monte Naranco; auf einer Outdoor-Alternative der Küstenweg durch das Naturschutzgebiet Arenillas nach Llanes und auf einem Abstecher zum Kloster Toribio de Liébana das wildromantische Tal des Rio Deva und die schneebedeckten Picos de Europa.

Der Camino Primitivo

Die Bezeichnung »Primitivo« leitet sich ab vom ursprünglichen Wortsinn und soll zum Ausdruck bringen, dass es sich bei dieser Camino del Norte-Variante von Oviedo nach Santiago de Compostela um den ersten aller Jakobswege handelt. Folgerichtig verlässt der spanische Führer »El Camino de Santiago del Norte« bei La Isla die Küste, führt dann durch die Berge von Oviedo über Lugo nach Melide und weiter auf dem Camino Francés bis Santiago de Compostela. Dagegen folgt das Outdoor-Handbuch 71 »Nordspanien: Jakobsweg – Küstenweg« von Gijón bis Ribadeo weiter der Küste, biegt erst dann nach Süden ab und überlässt die Beschreibung des Camino Primitivo dem Outdoor-Handbuch 141 »Nordspanien: Jakobsweg – Alternativroute« (Conrad Stein Verlag, Welver 2004). Als sehr hilfreich erwies sich die deutschsprachige Broschüre »Nach Santiago durch Asturien« (Gobierno del Principado de Asturias, 2005) mit kompakten Informationen, aktuel-

Die römische Stadtmauer (3. Jahrh. n. Chr.) von Lugo wurde mit 50 Halbrundtürmen verstärkt und hat heute noch sieben Tore, darunter die »Puerta de Santiago« an der Westseite.

len Adressen und anschaulichen Karten. Hinzukommt eine durchgehend gute Beschilderung, die selbst beim »Richtungswechsel« der Muschel zwischen Asturien und Galicien (mal laufen die Linien in Richtung Ziel zusammen, mal streben sie in Richtung Ziel auseinander) durch zusätzliche gelbe Pfeile keine Zweifel aufkommen lässt, die allerdings bei dichtem Nebel auch einmal »verloren gehen« kann, so dass ich nicht in Melide, sondern in Palas de Rei auf den Camino Francés gestoßen bin.

Der Weg durch – besser gesagt – über die Berge kann recht anstrengend sein: mal als steile »Direttissima« neben der Überlandleitung hinauf zur Passhöhe Puerto del Palo (fast 1200 m); mal als schmaler Trampelpfad in endlosen Serpentinen abwärts bis ins Tal des Rio Navia. Dafür ist die um diese Jahreszeit bunt blühende Landschaft zwischen Pola de Allande und Grandas de Salime einfach wunderschön, ganz besonders die »Vista panorámica« aus ständig wechselnden Perspektiven und unterschiedlichen Höhen auf den tiefblauen Stausee von Sali-

Brücke von Ponte Maceira (15. Jahrh.) am Weg von Santiago nach Finisterre

me. Ermüdend und ernüchternd war der Weg auf Lugo zu, an rauchenden Müllhalden vorbei und durch Industrieruinen hindurch, bis endlich die römische Stadtmauer erreicht war, die auch heute noch die ganze Altstadt umschließt. Dahinter findet sich alles, was Leib, Geist und Seele erfreut: die alles überragende Kathedrale, eine prächtige Plaza Major mit Cafes unter schattigen Arkaden, in den engen Gassen viele zum Abendessen einladende Restaurants und bei der Puerta Toledana eine großzügig eingerichtete Pilgerherberge für die Nacht.

Auf dem Camino Primitivo gibt es Pilgerherbergen im Abstand von Tagesetappen. Die meisten davon wurden in früheren Schulhäusern

Kirche Señora de la Barca von Muxía am Atlantik

eingerichtet und bestehen in der Regel aus einem großen Schlafraum mit bis zu zwölf Betten, zwei Waschräumen mit Toilette und einem Aufenthaltsraum. Sehr gepflegt waren die betreuten Herbergen z.B. in San Juan de Villapanada, in La Mesa und in Padrón, während die unbetreuten wie z.B. in Borres erst einmal gereinigt werden mussten. In Grandas de Salime befindet sich eine etwas gammelige Herberge in der ehemaligen Polizeistation im alten Rathaus und in Cádova Baleira die modernste Herberge, die mit Recht als »El Hilton des los albergues« bezeichnet wird. In La Espina habe ich in der Pension »Dakar« übernachtet mit Halbpension für nur 22 Euro und in Puente romano in der »Casa da Ponte« mit einem opulenten Abendessen und Frühstück für immerhin 44 Euro.

Auf dem ganzen Weg von Oviedo bis Santiago hat mich eine Gruppe von fünf Spaniern begleitet: ein Vater mit seinen zwei Söhnen und einem Schwiegersohn und dessen Onkel (wenn ich richtig verstanden habe). Wir sind zwar nie gemeinsam gelaufen, haben uns aber fast jeden Abend in den Herbergen getroffen. Da es keine weiteren Pilger oder Wanderer gab, haben wir uns trotz großer Verständigungs-

Vor dem Leuchtturm am Kap von Fisterra: Angekommen am Ziel meines Weges »von einem zum anderen Ende der Welt«.

schwierigkeiten allmählich angenähert und sogar ein wenig kennen gelernt.

Beim Abendessen in der »Casa da Ponte« wurde ich in die »Familie« aufgenommen: »cinco espanols y un alemán«. Auf dem sehr frequentierten Camino Francés von Palas de Rei nach Santiago de Compostela haben wir uns aus den Augen verloren, aber in der Kathedrale – Zufall oder Fügung – wieder getroffen und gemeinsam an der Pilgermesse teilgenommen.

Wie im Jahre 2003 bin ich von Santiago de Compostela weitergelaufen bis nach Fisterra. In Negreira war die Herberge schon voll, so dass ich in ein Hostal ausweichen musste, und in der Herberge in Oliveiroa habe ich nur noch einen Platz im Pferdestall gefunden, aber auch wieder die Suppe genossen, die von der Hospitalera jeden Tag für alle gekocht und am Abend für ein Donativo angeboten wird. Das von der Xunta de Galizia 2004 herausgegebene, deutschsprachige Heftchen »Der Pilgerweg von Fisterra–Muxía« hat mich auf die Idee gebracht, diesmal über Muxía zu gehen und mir das direkt am Strand liegende Marienheiligtum »A Nosa Senora da Barca« anzusehen. Da hier die Pilger nur in einer Sporthalle übernachten können, habe ich mir nach einem sintflutartigen Regen ein recht komfortables Zimmer in einem Hostal am Hafen für 43 Euro geleistet. Nach vier Tagen bin ich dann in Fisterra angekommen, und obwohl die Herberge einfach »quadratisch, praktisch, gut« ist, bin ich wieder in »mein« Hospedale »Lopez« gegangen, weil es hier ein Zimmer mit Meerblick für 22 Euro gibt und die ganze Wäsche für 5 Euro gern gewaschen wird. Das Kap von Fisterra war mein Ziel: für mich der Endpunkt einer außergewöhnlichen Wanderung und zugleich der »Point of return« in meine alltägliche Wirklichkeit.

Mein Resümee

Im Vergleich zum Camino Francés ist diese Wegvariante zunächst einmal in Südfrankreich etwas komplizierter, weil es keinen durchgängigen, ausgeschilderten Jakobsweg gibt, und auch etwas langweiliger, weil die häufig gradlinigen Wege auf Sandflächen durch endlose Pinienwälder führen. In Nordspanien erscheint sie durch das ständige Auf und Ab zwischen Meeresbuchten und Steilküsten etwas schwieriger und anstrengender, dafür aber auch landschaftlich um so abwechselungsreicher. Insgesamt kann dieser Weg erheblich teurer werden, da es in Südfrankreich so gut wie keine, in Nordspanien nur wenige kostengünstige Übernachtungsmöglichkeiten in Pilgerherbergen und Klöstern gibt, ausgenommen der Camino Primitivo mit seiner pilgerfreundlichen Infrastruktur. In Bezug auf Natur und Kultur bietet der Camino del Norte bestimmt genau so viele attraktive und eindrucksvolle Sehenswürdigkeiten, die Angebote in Bezug auf geistliche Begleitung sind aber sehr dürftig und die Chancen zu anregenden Begegnungen und bereichernden Wegfreundschaften eher gering. Über weite Strecken ist dieser Weg fast (noch) einsam und darum mehr etwas für Einzelgänger und Alleinwanderer, die nicht (mehr) den sehr frequentierten, zeitweise schon »überfüllten« Camino Francés gehen wollen. Wie der Vergleich mit dem Jakobsweg auf der Via de la Plata ausfällt, werde ich erst erfahren, wenn ich im nächsten Jahr von Sevilla durch das Landesinnere immer gen Norden bis nach Santiago de Compostela wandern werde.

Bibliographie

Vorbemerkung: Zum französischen Küstenweg gibt es noch keinen durchgehenden Wegführer.

Gertz, Kurt-Peter: L(l)eben auf dem Weg. Zu Fuß auf dem Jakobsweg vom Niederrhein bis ans »Ende der Welt«. Solingen 2005, 346 S., davon 23 farbige Bildseiten (Irún – Oviedo – Santiago – Finisterre: S. 209 – 299)

Grégoire, Jean-Yves / Pinguet, Francoise: Le chemin côtier vers Saint-Jacques-de-Compostelle. De Bayonne au Cap Finisterre. Guide pratique du pèlerin. Ibos, Rando Éditions (accueil@rando-editions.com), 2005

Hennemann, Heribert: Der Jakobsweg an der Nordküste Spaniens. In: Die Kalebasse, Nr. 36, Solingen 2004, S. 58 – 61

Hennemann, Heribert: Über den »Camino Primitivo« von Oviedo nach Santiago. In: Die Kalebasse, Nr. 38, Solingen 2005, S. 88 – 90

Kasper, Michael: Küstenweg (Outdoor-Handbuch, Bd. 71, Nordspanien: Jakobsweg). Welver 4. Aufl. 2005 (Irun, San Sebastian, Santander, Gijón, Ribadeo, Santiago)

Kasper, Michael: Nordspanien – Jakobsweg Alternativroute (Outdoor Handbuch, Bd. 141). Welver 2004 (Oviedo – Santiago: S. 119 – 178)

La voie de Soulac. Le litteral aquitain de l'estuaire de la Gironde aux confins des Landes. Bordeax, Association des Amis des Chemins de Saint-Jacques-de-Compostelle de Bordeaux et de Gironde (58 rue de Lyon, F-33000 Bordeaux), o. J. (ca. 2000, Faltblatt)

Nadal, Paco: El Camino de Santiago del Norte – Monumentos, albergues, etapas, servicios (Reihe: El Pais Aguilar). Madrid 2004

18 Stunden in Lugo

Erinnerungen an eine Zwischenstation auf dem Camino Primitivo

Aufgebrochen war ich heute in Cadova Baleira, wo ich in der vom Pilgerführer mit Recht als »Hilton auf dem Camino Primitivo« bezeichneten Albergue übernachtet hatte. Von Anfang an war es sehr heiß und der Aufstieg auf eine Höhe von 950 m und der Abstieg nach Fontaneira hatten viel Schweiß gekostet. Nun näherte ich mich Lugo, der einzig größeren Stadt zwischen Oviedo und Santiago. Wie immer freute ich mich nach den doch etwas einsamen Wegen über Land auf etwas Stadt/Kultur/Leben. Zugleich fürchtete ich ein wenig den Gang durch die Vororte und Industriegebiete und erinnerte mich daran, wie angenehm es war, auf dem Camino del Norte in Santander fast an der Kathedrale mit dem Schiff anzulanden. Trotz anstrengender 29 km entschied ich mich gegen Bus und Einfallstraße und blieb auf dem Camino und das war ein Fehler. Der Weg zog sich hin, vorbei an einer rauchig-staubigen Mülldeponie, durch aufgelassene und heruntergekommene Kasernen- und Fabrikgelände, hinunter in ein Tal und natürlich wieder hoch durch graue Vorortstraßen, um dann gegen eine Wand zu laufen, gegen die »Muralla Romana«, die haushohe und breite, römische Mauer, die die Römer im 3. Jahrhundert erbaut haben und die noch heute die ganze Altstadt von Lugo umschließt. Zwischenzeitlich war die Temperatur auf über 35 Grad gestiegen und meine Vorfreude auf Null gesunken. Was will ich eigentlich in Lugo?! Und wo geht es da hinein?

14:00 Uhr

Die gelbe Muschel auf blauem Grund weist den Weg, zeigt den Einschlupf durch die Porta San Pedro, führt sofort rechts durch die Rúa das Nóreas in ein paar Minuten direkt zur Albergue. Freundlich empfangen vom Hospitalero, so dass ich ganz vergesse, mich über die miserable, der Auszeichnung mit der gelben Muschel unwürdigen

Wegführung zu beschweren. Oben im ersten Stock ein großer, heller Schlafsaal mit rund 40 großzügig angeordneten, jeweils zwei übereinander liegenden Betten. Wie in fast allen Herbergen auf dem Camino del Norte und Primitivo habe ich die freie Auswahl, nehme ein Bett am Fenster und kann mich so richtig ausbreiten. Die Waschräume sind weiß gefliest und blitzblank, das Wasser erst angenehm kühl und dann schön heiß für das große Saubermachen. Während ich die Wäsche auf dem Balkon zum Trocknen aufhänge, füllt sich der Innenhof mit Musik, vermischt mit den Stimmen von Jugendlichen, die dort ihre Mittagspause machen. Meine Stimmung steigt und ich bin bereit, Lugo noch eine Chance zu geben.

15:30 Uhr

Schon an der nächsten Ecke lockt ein Café mit leckerem Kuchen, aber bei der anhaltenden Hitze nehme ich lieber ein Eis. An der Rúa San Pedro gibt es zwar viele, animierende Geschäfte, aber fast alle sind geschlossen, weil Samstag ist. Die Gassen und selbst die Praza Maior, die früher einmal das römische Forum gewesen soll, ist fast menschenleer und es ist merkwürdig still in der Stadt. Und schon stehe ich ganz allein auf der Praza Pio XII. vor der Marien-Kathedrale: romanische Grundmauern aus dem 12. Jahrhundert, darauf das gotische, dreischiffige Langhaus, im galizischen Barock der Kreuzgang. Die von zwei Türmen flankierte, neoklassizistische Westfront erinnert an die Obradoiro-Fassade der Kathedrale von Santiago de Compostela und weckt die Vorfreude: Es sind ja nur noch gut 100 Kilometer bis zum Apostelgrab. Drinnen ist es fast kalt und zunächst recht dunkel und erst allmählich bekommt der Raum seine Dimensionen und Konturen, wird die prächtige Renaissance-Ausstattung sichtbar. Die Sakristeitür steht offen und ein Domkapitular, der sich gerade zu einem Gottesdienst umzieht, gibt mir den Stempel, der so groß ist, das er zwei Felder in meinem Pilgerpass füllt: »Santa Iglesia Catedral Basilica – Lugo«. In der Zwischenzeit hat sich vor dem im Kerzenlicht goldschimmernden und blumengeschmückten Chor mit dem plateresken Altarbild eine festlich gekleidete, leger plaudernde Hochzeitsgesellschaft versammelt, die Orgel setzt ein mit der obligatorischen Hochzeitsintroduktion, der Monsignore steht bereit genauso wie die Sängerin im schwarzen Abendkleid, die bestimmt wie vor zwei Wochen bei einer Brautmesse in Santillana nachher das »Ave Maria« singen wird. Das Brautpaar zieht ein und bei Beginn der Predigt verlasse ich die Kathedrale durch das spitzbogige Nordportal unter dem Glocken- und Uhrenturm.

16:50 Uhr

Nun aber schnell durch die Calle Nova noch zum Convento de San Francisco, wo in Kirche und Kloster das Museo Provincial untergebracht ist. Aber vor mir schließt ein Angestellter das Tor, pünktlich, aber immerhin mit einem bedauernden Lächeln. Also werde ich nichts von der mehr als 2000-jährigen Kunst- und Kulturgeschichte dieser Stadt zu sehen bekommen, muss ich also irgendwann zuhause nachlesen, um etwas mehr zu erfahren u. a. über die Baudenkmäler und Kunstwerke, die die Römer hier geschaffen, oder über die Spuren, die Jakobspilger in Lugo hinterlassen haben, und über die Geschichte des Camino Primitivo, was ja wörtlich nichts anderes bedeutet als »erster, ursprünglicher« Camino und auf dieses »Erstgeburtsrecht« war man schon in Oviedo ganz besonders stolz. Zurück zur Praza Maior, die jetzt voll von Menschen ist.

Vor dem Rathaus mit seiner fahnengeschmückten Barockfassade haben Antiquare ihre Stände geöffnet, wo überraschend viele Passanten in den Büchern und Drucken blättern. Unter den Arkaden finde ich gerade noch einen schattigen Platz, bestelle meine Happy hour-Cerveza grande und bekomme dazu freundlicherweise ein Schälchen mit Nüssen, die zwar lecker sind, aber wenig hilfreich gegen den allmählich aufkommenden Hunger.

In aller Ruhe lasse ich die vorbei-flanierenden Menschen und das Praza-Ambiente auf mich wirken und schreibe zwischendurch Tagebuch (aus dem ich nun für diesen Artikel das ein oder andere abschreiben kann). Lugo beginnt, mir zu gefallen.

19:00 Uhr

Als ich in die Herberge zurückkomme, um mich ein wenig auszuruhen, sind sie wieder da: meine fünf Spanier, die mich seit Oviedo auf dem Camino »begleiten«, d. h., wir sehen uns immer wieder einmal auf dem Weg, bei einem Café con leche in einer Bar oder abends in der Herberge. Es handelt sich – wenn ich richtig verstanden habe – um einen Familienclan, bestehend aus einem Vater mit zwei Söhnen und einem Schwiegersohn und dessen Onkel, durch mich erweitert zu einer wegen Verständigungsschwierigkeiten leider etwas sprachlosen, zunächst etwas distanzierten, dann zunehmend zutraulicheren Weggemeinschaft. So bleibt es auch heute Abend bei einem freudig-freundlichen »Holla!« und geht über ein freundschaftliches Schulterklopfen nicht hinaus. Jeder ist mit sich selbst beschäftigt und ich warte darauf, endlich zum Abendessen gehen zu können.

20:00 Uhr

Um diese allabendliche Zwangssiesta zu verkürzen, entschließe ich mich, vorweg noch den wörtlich zu nehmenden Stadtrundgang zu machen, d.h. oben auf der Mauer eine Stück der zwei Kilometer langen Ronda de la Muralla zu gehen, so zumindest einen Teil der Altstadt zu umrunden und mir dabei einen Überblick und ein Gesamteindruck von Lugo zu verschaffen. Rechts unten müssten irgendwo im Tal die Termas Romanas liegen, die ich auch nicht mehr besichtigen konnte, und links unten die feinen »Restaurantes de la famosa calle de los Vinos«, die laut Pilgerführer aber auch entsprechend »caros«, teuer, sein sollen. Über eine der Turmtreppen steige ich wieder hinunter, finde in der schmalen Rúa da Catedral eine kleine Taberna mit ein paar Tischen davor, bekomme einen Platz mit Blick auf den Glocken- und Uhrenturm und bestelle das Tagesmenue: Omelett mit Pilzen, Bratenfleisch mit krosser Kruste auf eine Art Stielmus und Kartoffeln und zum Abschluss einen Frischkäse, dazu einen Vino Tinto. Und da die Herberge erst um 23 Uhr schließt, kann ich mir Zeit lassen und in Ruhe gucken und genießen. Lugo gefällt mir immer mehr.

22:15 Uhr

Beim Postre tauchen auch meine Spanier auf, bestellen an einem Stehtisch Vino Tinto und nur ein paar Tapas, (weil sie – wie ich inzwischen weiß – immer am Nachmittag zu Mittag essen) und planen dabei anscheinend die morgige Etappe. Dann kommt der Jüngste und holt mich an ihren Tisch, wo sie mir mehr mit Gesten als mit Worten klarzumachen versuchen, dass sie morgen bis zur Casa Ponte Romana gehen wollen: eine kleine Landpension direkt an der römischen Brücke und so etwas wie ein Geheimtip mit mindestens einem Stern, wenn es einen Camino-Michelin geben würde. Und wenn ich auch die 30 km gehen wollte, würden sie jetzt – natürlich nur ausnahmsweise – mit dem Handy dort Zimmer bestellen für »cinco espanoles y un alemán«. Gesagt getan (und es war nicht zuviel versprochen: Es erwartete uns ein wunderschönes Landhaus mit gemütlich eingerichteten Zimmern, ein opulentes Abendessen in einem rustikalen Ambiente und zur späten Stunde wurde ich beim abschließenden Trester endgültig aufgenommen in »la familia«).

Es wird Zeit: auf der Uhr an der Farmacia in der Rua do Cruce ist es kurz vor 23 Uhr und das Thermometer steht immer noch auf 29 Grad. Und vor dem Einschlafen stelle ich zufrieden fest: Lugo gefällt mir schon sehr.

7:00 Uhr

Am nächsten Morgen wie schon gewohnt der Versuch der Spanier, nicht hörbar, aber doch unüberhörbar, aufzubrechen. Ich lasse mir Zeit und netterweise die Augen zu, habe dann den Waschraum ganz für mich. Da es Sonntag ist, schläft noch die ganze Stadt, hat keine Bar auf, gibt es also keinen Morgenkaffee.

Durch die menschenleeren Gassen und Plätze ziehen Nebelschwaden, packen die Kathedrale und die Porta Santiago in Watte. Und im Hinausgehen entdecke ich oben in einer Mauernische leicht verschwommen Santiago, der als Matamoros über die Mauer zu reiten scheint und da ich den »Maurentöter« so und so nicht sonderlich mag, convertiere ich ihn für mich in einen weniger martialischen »Matamuros«. Der Camino führt – wie kann es anders sein – durch die Rúa de Santiago hinunter ins Tal zum Río Miño und weiter über die römische Brücke, über die schon Alfons II., König von Asturien Anfang des 9. Jahrhunderts als einer der ersten und nach ihm und vor mir all die anderen Jakobspilger Lugo verlassen haben und dann weitergegangen sind »auf der Milchstraße zum Sternenfeld«, auf dem Camino nach Santiago de Compostela.

8:00 Uhr

Als ich mich auf dem Gegenhügel umdrehte, um mich von Lugo zu verabschieden, war die Stadt im Morgennebel versunken, verschwunden. Obwohl es nur 18 Stunden waren, von denen ich acht zwar gut, aber immerhin verschlafen hatte, spürte ich – wie bei so mancher Begegnung auf den diversen Caminos – dieses Im-Nachhinein-Gefühl, etwas Liebgewonnenes zurückzulassen und zugleich etwas davon mitzunehmen, verbunden mit der immer ein wenig unrealistischen Abschiedshoffnung auf ein Wiedersehen: »LUGO – Que no sera la ultima vez«.

Kleiner Literaturhinweis

Gertz, Kurt-Peter: L(l)eben auf dem Weg. Zu Fuß auf dem Jakobsweg vom Niederrhein bis ans »Ende der Welt«. Solingen 2005 (Lugo: S. 280 – 284)

Kerkhoff, Winand: Atlantikküsten-Camino. Von einem zum anderen Ende der Welt (Soulac – Fisterre). In: Die Kalebasse, Nr. 39, Solingen 2006, S. 69 – 87

2006 Spanien

Auf der Via de la Plata von Sevilla nach Santiago de Compostela

29.03.2006 Aufbruch von **Sevilla** immer in Richtung Norden auf der **Via de la Plata** über **Merida, Salamanca** nach **Zamora** – In **Granja de la Moreruela** Abzweig zur Wegvariante in Richtung Nordwesten auf dem **Camino Sanabrés** über **Tabara** und **Ourense** nach **Santiago de Compostela**: Ankunft **11.05.2006** – Am **13.05.2006** (Rück-)Fahrt mit dem Bus von Santiago nach Benavente – Am 14.05.2006 Aufbruch zur Wegvariante Richtung Norden über Astorga und **Rabanal** nach **Ponferrada** (und damit Anschluss an den Camino Francés nach Santiago) – Abstecher in das **Valle del Silencio** nach Santiago de Peñalba (insgesamt: 1315 km) – Am 23.05.2006 von Ponferrada Rückfahrt mit dem Zug nach Bonn. Unterwegs ausführliche Recherchen für einen Wanderführer »Via de la Plata« (der zwar begonnen, aber nicht zu Ende geschrieben wurde und nicht veröffentlicht worden ist).

- »Auf der Strecke geblieben: Beschreibung der ersten fünf Etappen auf der Via de la Plata« (für den nicht fertig gestellten Wanderführer »Via de la Plata«)
- »Der Turm von Tábara in Santo Toribio de Liébana« (»Kalebasse« Nr. 42, S. 92–96, Juli 2007)

◀ Auf der Via de la Plata am Eingang zur Kirche in Santa Marta de Tera eine Jakobusfigur aus dem 12. Jahrhundert: wohl die älteste Darstellung des Pilgerheiligen mit einer Jakobsmuschel und seitdem mein Lieblingsjakobus.

Auf der Strecke geblieben

Beschreibung der ersten fünf Etappen auf der Via de la Plata (als »Muster« für den geplanten, aber nicht vollendeten Wanderführer)

Sevilla

Ankunft

Wer von Sevilla aus sich auf den Weg machen will, kommt entweder mit einem Billig-Flieger am Aeropuerto San Pablo (ca.10 km nördlich vom Stadtzentrum) an oder mit dem Hochgeschwindigkeitszug AVE aus Madrid an der Estación Santa Justa (ca. 1,5 km vom Zentrum), nimmt am besten den Bus und fährt bis zur »Statione ultima« an der Puerta de Jerez, zwischen der Ponte de San Telmo und der Altstadt gelegen. Von dort aus sind es nur ein paar Minuten bis zur Oficina de Turismo, wo man alle Informationen für den Aufenthalt in der Stadt und auch für die ersten Etappen auf der Via de la Plata/Camino de Santiago durch Andalusien bekommt, und bis zur Kathedrale, wo man sich in einem Vorraum an der Puerta de las Campanillas einen Pilgerpass und den ersten Stempel holen kann. Genau gegenüber beim Westportal an der Avenida de Constitución ist dann auch der Startpunkt für die Via de la Plata/Camino de Santiago.

Aber bevor wir aufbrechen, sollten wir uns ein, zwei Tage Zeit nehmen, um uns die Sehenswürdigkeiten dieser Stadt anzusehen und um uns ins Spanische (wieder) einzuhören, einzulesen, einzuleben. Im östlich von der Kathedrale gelegenen Barrio de Santa Cruz gibt es preisgünstige Hostals, Bars und Restaurants so wie die kleineren Kirchen Santa Cruz, Santa María la Blanca oder San Isidor, in denen man sich als Pilger besser auf den Camino einstimmen kann als in der fast immer vollen und lauten Kathedrale.

Information

Oficina de Turismo, Avenida de Constitición 21 B; u. a. »Sevilla – Guia practica Ciudades« mit kurzen Informationen zu den wichtigsten Sehenswürdigkeiten (nur in Spanisch/Englisch) und evtl. das Faltblatt »El Camino Mozárabe a Santiago« für die Etappen durch Andalusien (nur in Spanisch).

Büro der Asociación de Amigos del Camino de Santiago, Calle San Jacinto 25, Portal 6, Local 25 (fast am Wege aus der Stadt, hinter der Ponte San Isabel II., im Stadtteil Triana; nur an einigen Abenden in der Woche geöffnet; besser vorher anrufen Tel. 954 335 274).

Übernachtung

Städtische Jugendherberge, Calle Isaac Peral 2, Tel. 955 056 500; ca. 2 km vom Zentrum, in südöstlicher Richtung auf dem Paseo de las Delicias; evtl. mit dem Bus 34. (Zusammen mit den Kosten für einen Jugendherbergsausweis, den man dort erwerben kann, auch nicht viel billiger als ein Hostal in der Innenstadt).

Im zentral gelegenen Altstadtviertel Barrio de Santa Cruz: u. a. Pensión Santa Maria la Blanca, Calle Santa Maria Blanca 28, Hospederia El Patio Cruces, Plaza Crucis 10.

Wissenswert

Stadt/Geschichte:

Sevilla (8 m), im Tiefland am Guadalquivir gelegen. Rund 700 000 Einwohner. Sitz von Regierung und Parlament der Autonomen Region Andalusien, Hauptstadt der Provinz Sevilla, Erzbischofsitz. Universität, Hochschulen für Architektur, Kunst, Musik. Kunst- und Archäologisches Museum, Indienarchiv.

Als iberisches Hispalis gegründet. Von 45 v. Chr. bis etwa 420 n. Chr. römische Kolonie, allerdings mit dem ca. 10 km nördlich gegründeten Italica als Zentrum. Seit der Eroberung durch die Araber im Jahre 712 bis zur Rückeroberung durch König Ferdinand, den Heiligen, im Jahre 1248 unter maurischer Herrschaft und islamischen Einfluss. Von 1503 bis 1717 Hauptverwaltung aller spanischen Kolonien und – zusammen mit Cadiz – im Besitz des Monopols für den Überseehandel. Im 17. Jahrhundert kulturelle Hochblüte. Im 20. Jahrhundert geprägt durch die iberoamerikanische Ausstellung im Jahr 1929 und durch die Expo im Jahre 1992.

Das Wahrzeichen Sevillas: La Giralda, der Glockenturm der spätgotischen Kathedrale Santa María de la Sede. Die drittgrößte Kirche der Welt gehört zum Weltkulturerbe.

Sehenswert

Catedral de Santa Maria de la Sede: Anstelle der im 12. Jh. errichteten und nach der Rekonquista zur christlichen Kirche konvertierten Moschee von 1434 bis 1517 erbaute, spätgotische, fünfschiffige Kathedrale, drittgrößte christliche Kirche der Welt, UNESCO-Weltkulturerbe. Unter der hohen, weiten Vierung die Hauptkapelle mit einem monumentalen Altaraufsatz mit 44 vergoldeten Tafeln hinter einem plateresken, schmiedeisernen Gitter. Zentral angeordnet der Chor mit einem Gestühl im Mudéjar-Stil und der mächtigen Barockorgel. Rundherum eine Reihe von Kapellen: u. a. die Königliche Kapelle, die Kapel-

Blick vom Glockenturm auf das Dach der Kathedrale und dann über Sevilla hinweg Richtung Norden – dahin, wohin die Via de la Plata führt und sich ins Unendliche verliert.

le der Virgen de la Antigua mit einer Santiago-Skulptur als Pilger am rechten Eingangspfeiler, die Antonius-Kapelle mit einem Jakobus d. Ä. in dem Apostelfries über dem Eingang und die Santiago-Kapelle mit einem Gemälde von Juan de Roelas aus dem Jahre 1609 mit Santiago als Matamoros in der Schlacht von Clavijo. Unübersehbar das Ende des 19. Jh. geschaffene, pompöse Grabmal für Kolumbus. Besuchenswert das Museum der Kathedrale.

Patio de los Naranjos und La Giralda: Neben dem nördlichen Seitenschiff der Patio de los Naranjos, der schattige Orangengarten, der mit seinen Brunnen für die religiösen Waschungen als Vorhof zur ehemaligen Moschee gehörte, genauso wie der Glockenturm, La Giralda, das Wahrzeichen Sevillas. Wie die Moschee mit Steinen des römischen Itailcas Ende des 12. Jh. begonnen, in Ziegelbauweise fortgeführt, mit den typischen Hufeisenbogenfenstern verziert, in der Mitte des 16. Jh. mit dem Renaissanceaufbau für die Glocken vollendet und mit der Bronzestatue, die den Glauben darstellt und als Wetterfahne (Geradillo) dient, bekrönt. Nach einem bequemen Aufstieg über Rampen ein weiter Blick über die Stadt (und weiter Richtung Norden, wo wir auf der Via de la Plata Sevilla verlassen und auf dem Camino a Santiago wandern werden).

Durch die Puerta del Perdón aus dem Kathedralkomplex hinaus, vorbei am Palacio Arzobispal, dem Erzbischöflichen Palast mit seiner für Sevilla typischen ochsenblut- und ockerfarbenen Fassade und an dem Archivo de Indias, dem zunächst als Börse unter Philipp II. errichteten und heute zum UNESCO-Weltkulturerbe zählenden Indien-Archiv mit allen spanischen Dokumenten und Karten von den »indischen« Kolonien und dann durch das Löwentor in den Alkazar.

Reales Alcáceres: Seit dem 9. Jh. Residenz der maurischen Herrscher, dann unter Pedro I. im Mudéjar-Stil erweitert zu einer wohl proportionierten und bis ins Detail kunst- und wertvoll ausgestatteten Palastanlage für die spanischen Könige. Eine Folge von mit Hufeisenbogen, Stuckelementen, Wandfliesen prächtig ausgestalteten Sälen und Innenhöfen so wie mit Terrassen, Brunnen, Pavillons aufgelockerten Gärten. Ein Gesamtkunstwerk und mit Recht der dritte Beitrag Sevillas zum UNESCO-Weltkulturerbe.

Durch den Hof der Fahnen mit einem eindrucksvollen Blick zurück auf Kathedrale und Giralda, hinein in das ehemalige Juden- und heutige Altstadtviertel.

La Juderia und Barrio de Santa Cruz: Ein durch die Jahrhunderte gewachsener, multikulturell geprägter Stadtteil. Ein klein strukturiertes Labyrinth aus schmalen Gassen und kleinen Plätzen. Flankiert von Orangenbäumen mit weißen Blüten und gelben Früchten und von weißen Häuser mit gelben Stuckornamenten und schwarzen Eisengittern und bunt blühenden Innenhöfen. Voll von Leben bei Tag und bei Nacht. Mit allem, was man für Leib und Seele braucht.

Durch die Palastgärten und durch die Fábrica de Tabacos, ein aus dem 18. Jh. stammender, für ein Tabakfabrik überraschend großer und kunstvoll gestalteter Gebäudekomplex, in dem sich heute die Universität befindet, zur größten Parkanlage der Stadt.

Parque de Maria Luisa und Plaza de España: Ein Anfang des 20. Jh. angelegter, weitläufiger Park am Ufer des Guadalquivir. Im Osten begrenzt von der grandiosen Plaza de España mit an einem von filigran gestalteten Brücken überspannten Kanal im Halbrund angeordneten, von zwei Türmen flankierten, mit Ziegeln und Fliesen reich dekorierten Arkaden im Stil des Historismus. Im Süden an der Plaza de America drei für die iberoamerikanische Ausstellung im Jahre 1929 geschaffene Gebäude: der neogotische Königliche Pavillon, der

Mitten im Barrio de Santa Cruz: ein durch die Jahrhunderte gewachsener, multikulturell geprägter Stadtteil und ein empfehlenswertes »Quartier« vor dem Via de la Plata-Start.

Mudéjar-Pavillion mit dem Museo de Artes y Costumbres Populares, in dem Volkskunst und Trachten gezeigt werden, und der plattareske Pavillion mit dem Museo Arqueológico Provincal, in dem die wertvollen Funde aus Italica ausgestellt sind.

Einen Abstecher wert: Die Casa de Pilatos aus dem 16. Jh., durch die harmonische Kombination von Elementen des Mudéjar-Stils, der Gotik und Renaissance nicht nur ein für Andalusien typischer, sondern auch wohl der schönste Adelspalast Sevillas, und das Museo de Bellas Artes mit den nach dem Prado bedeutendsten Kunstsammlungen, vor allem mit Werken aus dem 17. Jh., die zur Blütezeit Sevillas Zubarán, Murillo, El Greco hier geschaffen haben.

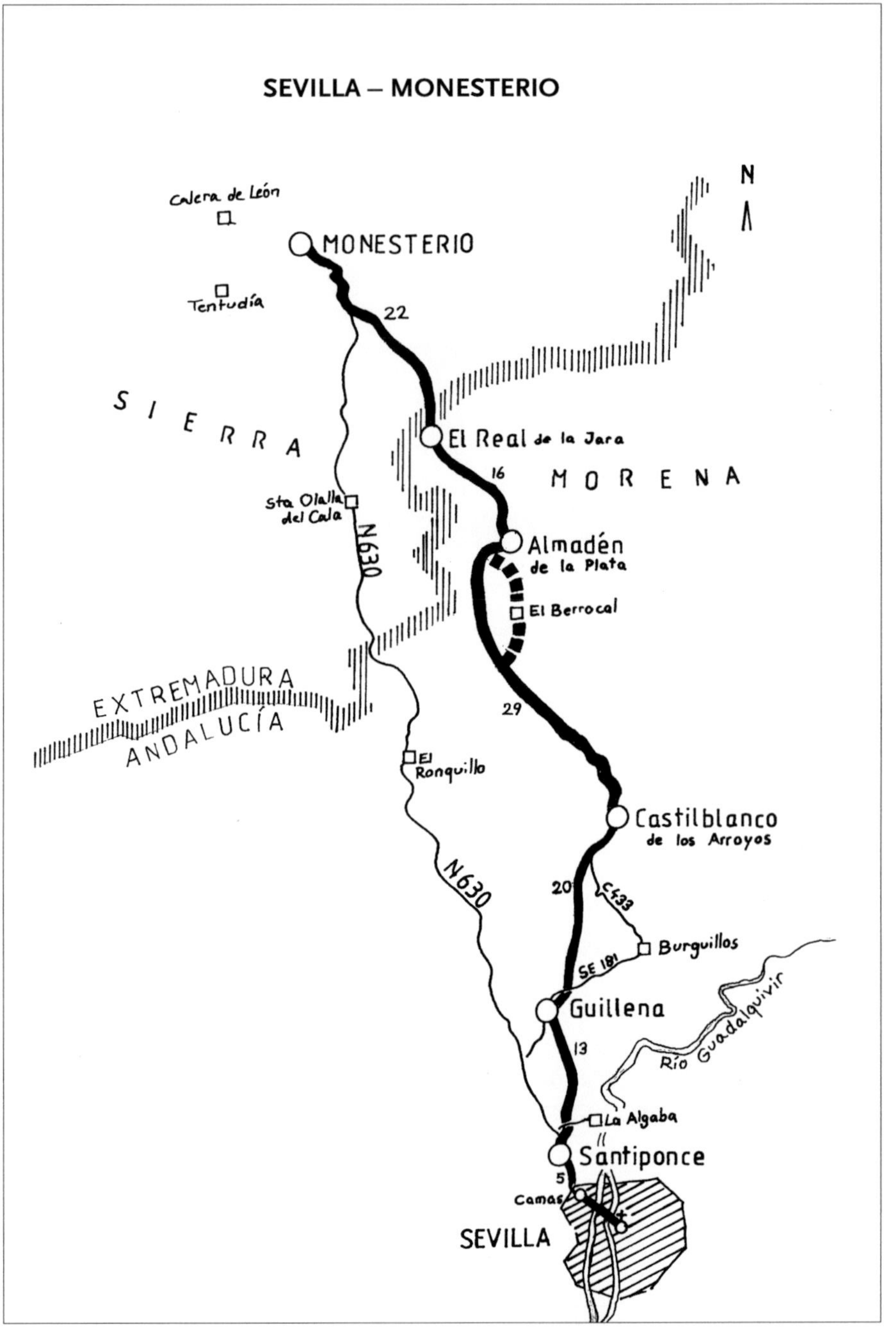
SEVILLA – MONESTERIO
N
Calera de León
MONESTERIO
Tentudía
22
SIERRA
MORENA
El Real de la Jara
16
Sta Olalla del Cala
N630
Almadén de la Plata
El Berrocal
EXTREMADURA
ANDALUCÍA
29
El Ronquillo
Castilblanco de los Arroyos
N630
20
C433
Burguillos
SE 181
Guillena
13
Río Guadalquivir
La Algaba
Santiponce
5
Camas
SEVILLA

1 Sevilla •→ Guillena

Wegübersicht: Sevilla (12 m) – 10 km – Santiponce/Italica (16 m) – 13 km – Guillena (17 m). Insgesamt: 23 km (23/977 km).

Die ersten 3 km Stadtstraßen. Dann bequeme Pisten. Hinter Santiponce so gut wie ohne Baum und Schatten. Vor Guillena Querung einer Furt und eines Baches, in denen bis zu kniehoch Wasser stehen kann.

Infrastruktur

Einkaufen: Santiponce, Guillena.
Essen: Santiponce, Guillena.
Übernachten: Santiponce (Hotel), Guillena (Hostal, Sporthalle).
Medizinische Versorgung: Santiponce, Guillena (jeweils Apotheke und Centro de Salud).
Hinweise: In Santiponce lohnt es sich, eine Pause zu machen, um sich einige Baudenkmäler anzusehen: Monasterio San Isidoro del Campo (Kloster/Museum), Mirador del Teatro (römische Theater-Ruinen), Archäologischer Park (Ruinen der Römerstadt Itálica).

Wegbeschreibung:

Unser Ausgangspunkt ist das Westportal der Kathedrale, die Puerta de San Miguel. Zwischen den zwölf Aposteln steht Jakobus d. Ä. als Pilger mit Muschelhut, Pilgerstab und -tasche und schickt uns auf den Weg. Direkt gegenüber, auf der anderen Seite der Avenida de la Constitución, findet sich unten an einem Laternenmast der erste gelbe Pfeil und 100 m weiter an der Ecke der Calle Garcia de Vinuesa auf einer Fliese an der Hauswand die gelbe Muschel. Beide Wegmarkierungen werden uns ab jetzt leiten und begleiten auf dem Camino nach Santiago, bis nach Fisterra, bis ans Ende der Welt.

Wir gehen durch die Calle Jimios, die Calle Zaragoza, die Calle Reyes de Católicos, überqueren auf der Puente San Isabel II. den Rio Guadalquivir und kommen in den Stadtteil Triana. Direkt hinter der Brücke am Plaza del Altozana biegen wir rechts ab in die Calle San Jorge und gehen auf der Calle Castilla bis zur Kirche Cruzeiro de Jesu. Nach 200 m geht es rechts eine Treppe hoch, über die Schnellstraße hinweg, links ab zu einem Kreisverkehr, danach rechts weiter auf einem Fußweg neben der Straße, nach 100 m links hinunter zu einem großen (Park)platz, quer darüber hinweg, auf eine Brücke zu, auf der wir einen breiten Nebenarm des Río Guadalquivir überqueren und

Am Westportal der Kathedrale der hl. Jakobus, startbereit als Pilger mit Muschelhut, Pilgerstab und -tasche. Direkt gegenüber auf einer spanischen Fliese an der Hauswand die erste Muschel als Wegweiser.

nach ca. 3 km Sevilla verlassen. (Das alles liest sich komplizierter als es »in natura« ist. Da wir nun die Stadt hinter uns und den Einstieg in den Camino gefunden haben, brauchen wir solche detaillierten Beschreibungen vorläufig nicht mehr. Pfeile, Muscheln, »Via de la Plata«-Info-Stelen weisen zuverlässig den Weg immer Richtung Norden. Die Sonne sorgt für die großräumige Orientierung und unser Schatten wandert mit: morgens links von uns, mittags vorweg und nachmittags rechts neben uns her.)

Hinter der Brücke steigen wir hinunter und gehen eine Piste, die links vom Fluss verläuft, bis zu einem Gehöft. Dahinter biegen wir

Am Ortsanfang von Santiponce einer der vielen mit der Hand gemalten, gelben Pfeile: durch sie wird die Via de la Plata zum Camino de Santiago.

nach links ab auf eine Piste, die vom Fluss wegführt, im weiteren Verlauf erst die Autobahn 66, dann eine Bahntrasse und schließlich die Nationalstraße 630 unterquert und nach etwa 5 km an einem Kreisverkehr endet. Links durch eine Unterführung hindurch, an einer Tankstelle vorbei und über einen weiteren Kreisverkehr hinweg erreichen wir den Ortsanfang von Santiponce, wo am Straßenrand einer der elf Miliarios steht, graue Granit-Quader, die im Jahr 2000 an sehenswerten Stationen auf dem Weg »Via de la Plata/Camino de Santiago« durch Andalusien aufgestellt worden sind. Auf dem 2 km langen Weg durch den Ort lohnt sich ein kurze Abstecher zum Monasterio

San Isidoro del Campo und zum Mirador del Teatro und ein Besuch der Ruinas Romanes de »Itálica« (Siehe Ortsbeschreibung: Santiponce). Gegenüber dem Eingang liegt ein Hotel mit einem Restaurant.

Nach dem Park gehen wir auf der Landstraße weiter, über die N630 hinweg, unter der Autobahn durch, fast 2 km in Richtung La Algaba. Kurz vor der Brücke über einen kleinen Fluss biegen wir links ab in die frühere Straße und direkt vor der alten Brücke noch einmal links ab in eine Piste, die im leichten Auf und Ab, durch Felder hindurch, ohne Baum und Schatten geradewegs auf Guillena zuläuft. Nach ca. 7,5 km geht es durch eine asphaltierte Furt, in der bis zu den Knien hoch Wasser stehen kann, dann rechts ab auf eine Piste, danach links an einem Zaun entlang und geradeaus weiter zu einem Bach, den man auf im Wasser liegenden Steinen überqueren muss. Auf der anderen Seite steigen wir hoch, kommen auf eine breite Piste und erreichen nach knapp 2 km den Ortsanfang von Guillena. Geradeaus geht es weiter in die Stadt hinein bis zur Plaza de España, um die Kirche herum bis zur Kreuzung mit der Avenida de Andalucia, die als Haupt- und Durchgangsstraße durch den Ort führt und an der Bars, Geschäfte und auch das Hostal Francés liegen. Wer nicht im Hostal übernachten, sondern auf Matten in der Sporthalle schlafen will, muss sich den Schlüssel vorweg bei der Polizei holen oder auch evtl. in der Bar beim Sportzentrum, das an der Avenida de la Vega am Stadtrand liegt.

Sehenswert

Santiponce/Italica: Eine Stadt mit rund 7000 Einwohnern. 206 v. Chr. mit der Bezeichnung »Itálica« als erste römische Stadt im heutigen Spanien am Ufer des Río Guadalquivir gegründet. Nach einer verheerenden Überschwemmung im 17. Jahrhundert zum höher gelegenen Kloster verlagert.

Am Anfang des Ortes liegt das Monasterio San Isodoro del Campo: 1301 als Zisterzienserkloster über dem Grab des heiligen Isidor gegründet. 100 Jahre später vom Orden der Hieronymiten übernommen und ausgebaut zu einer großen, befestigten Klosteranlage mit zwei Kirchen, einem Kreuzgang, Kapitelsaal, Refektorium usw., z. T. mit sehenswerten Wandmalereien aus dem 15. Jahrhundert. Nach jahrelangen Restaurierungsarbeiten wieder zugänglich (Eintritt: 2 €) und – wenn man das Glück hat, allein dort zu sein – ein wunderbarer Ort der Stille und Zwischenbesinnung.

Mitten im Ort weist ein Schild zum Mirador del Teatro, das in wenigen Minuten zu erreichen ist: ein Aussichtspunkt mit Blick auf das

Unter dem heutigen Santiponce liegt das antike Itálica. Vom Mirador del Teatro schweift der Blick über die weiten Ausgrabungsstätten, im Vordergrund das römische Theater aus dem 1. Jahrhundert v. Chr.

römische Theater aus dem 1. Jahrhundert v. Chr., das zur »vetera urbs«, der alten Stadt gehörte, in der Kaiser Trajan geboren wurde und die unter dem heutigen Santiponce liegt. Eine beeindruckende Ruine und ein schöner Picknickplatz.

Am Ortsende befindet sich der Eingang zu den Ruinas Romanas de »Itálica« (für EU-Mitglieder freier Eintritt) mit den Ausgrabungen der »nova urbs«, der neuen Stadt, die Anfang des 2. Jahrhunderts n. Chr. von Kaiser Hadrian gegründet wurde: ein weitläufiges, in die Landschaft eingebettetes Ruinenfeld mit z. T. noch erhaltenen Römerstraßen, Grundmauern verschiedener Häuser, zwischen denen auch großflächige Mosaiken freigelegt worden sind, und einem der größten Amphitheater des Römischen Reiches.

2 Guillena •→ Castilblanco de los Arroyos

Wegübersicht: Guillena (17 m) – 8 km – Finca Cortijo del Chaparall (142 m) – 7 km – Miliario an der C-433 – 5 km – Castilblanco de los Arroyos (320 m). Insgesamt: 19 km (43/957 km).

Ein landschaftlich schöner Weg, auf dem man sich Zeit lassen sollte. Erst durch Oliven- und Orangen-Plantagen. Nach der Finca durch eine schöne Weidelandschaft mit Korkeichen. Ab dem Miliario-Quader leicht ansteigend an der Landstraße entlang. Unterwegs kein Wasser und keine Infrastruktur-Einrichtungen.

Infrastruktur:

Einkaufen: Castilblanco de los Arroyos.
Essen: Castilblanco de los Arroyos.
Übernachten: Castilblanco de los Arroyos (Herberge, Hotel).
Medizinische Versorgung: Castilblanco de los Arroyos (Apotheke und Centro de Salud).

Wegbeschreibung:

Da der ausgeschilderte Weg vom Sportzentrum aus durch eine nur im Hochsommer trockene Furt im Rio Rivera de Huelva führt und die meisten wohl im Hostal übernachtet haben, empfiehlt es sich, Guillena auf der Durchgangsstraße zu verlassen. Nach ca. 2,5 km überqueren wir einen Kreisverkehr an der A460, gehen durch ein Gewerbegebiet, biegen am Ende der Straße rechts und kurz vor den Silos links ab in einen Feldweg. Auf diesem Weg wandern wir immer gen Norden durch Oliven- und Orangenplantagen hindurch und stoßen nach ca. 5,5 km auf einen Zaun, hinter dem das Weidegebiet der Finca Cortijo de Chaparall liegt. Da das Vieh frei weidet, sind die Landgüter eingezäunt; aber der Weg führt immer durch Tore, die in der Regel problemlos zu öffnen sind und auf jeden Fall wieder geschlossen werden müssen. (Die großen, weißen Hütehunde, die immer mal wieder auftauchen, sollte man möglichst ignorieren, aber immer im Auge behalten, nötigenfalls mit dem Stock auf Distanz halten und dabei seinen Weg unbeirrt fortsetzen.)

Hinter dem Tor beginnt eine im Frühjahr bunt blühende, grüne Wiesenlandschaft mit Schatten spendenden Korkeichen. Der Weg steigt allmählich an, quert einige Zäune und Tore und endet nach ca. 7 km an einem Miliario-Quader an der Landstraße C433. Auf erst

Ankunft in Castilblanco de los Arroyos: typisch andalusisch die weiß geputzten und rot gedeckten Häuser, überragt vom Turm der Iglesia del Devino Salvador aus dem 16. Jahrhundert.

links, dann rechts parallel zur Straße verlaufenden Sandwegen geht es dann ca. 5 km weiter bis nach Castilblanco de los Arroyos.

Wer nicht im Hotel am Ortsanfang übernachten will, folgt dem Pfeil nach rechts, geht noch die paar hundert Meter die Landstraße hinunter bis zur Tankstelle, holt sich dort den Stempel für den Pilgerpass und den Schlüssel für die Herberge, die direkt dahinter liegt. Sie hat drei Räume mit 14 Betten (und zusätzliche Matratzen) und eine große Terrasse mit einem schönen Blick über den Ort mit weiß geputzten und fahlrot gedeckten Häusern. An der Durchgangsstraße liegen Geschäfte, Bars, Restaurants und im Ortszentrum die Iglesia del Devino Salvador aus dem 16. Jahrhundert. (Die Kirchen sind – wenn nicht gerade eine Messe gelesen oder geputzt wird – in der Regel verschlossen und im Gegensatz zum Camino Francés gibt es auf der Via de la Plata so gut wie keine geistliche Begleitung und auch kein Angebot von Gottesdiensten für Pilger.)

3 Castilblanco de los Arroyos •→ Almadén de la Plata

Wegübersicht: Castilblanco de los Arroyos (320 m) – 17 km – Miliario am Eingang zum Naturpark El Berrocal (510 m) – 5 km – Miliario am Abzweig nach Almadén de la Plata (420 m) – 5,5 km – Mirador del Cerro del Calvario (550 m) – 1,5 km – Almadén de la Plata (460 m). Insgesamt: 29 km (72/928 km).

Auf der Landstraße SE-185 mit breitem Seitenstreifen und wenig Verkehr leicht ansteigend bis zum Naturpark. Durch den Park auf Asphalt- und Schotterpisten hinunter, durch eine Furt und auf einer Brücke über einen Bach, bis zum Miliario. Weiter auf leicht ansteigenden Wald- und Wiesenwegen und dann auf einem Pfad steil hinauf zum Aussichtspunkt und wieder steil hinunter zum Ortsanfang von Almadén de la Plata. Auf dem ganz Weg keine Infrastruktur-Einrichtungen; Wasser evtl. bei der Parkverwaltung.

Infrastruktur:

Einkaufen: Almadén de la Plata.
Essen: Almadén de la Plata.
Übernachten: Almadén de la Plata (Herberge, Hostal).
Medizinische Versorgung: Almadén de la Plata (Apotheke und Centro de Salud).
Hinweis: Als weitere Wegmarkierungen tauchen in den Regionen Andalusien und Extremadura am Boden liegende, graue Granitwürfel auf. Auf der dem Wanderer zugewandten Seite ist eine farbige Fliese angebracht: grün = historische Via de la Plata, gelb = heutiger Camino, gelb/grün = identische Wegführung. Eine auf der oberen Seite eingemeißelte, durch den Torbogen von Cáppara führende, farbige Straßenspur gibt die Wegrichtung an.

Wegbeschreibung:

Von der Tankstelle geht es auf der Durchgangsstraße durch den Ort, vorbei an zwei Bars, die auch schon früh morgens geöffnet haben. Am Ortsende biegen wir links ab Richtung Almadén de la Plata und gehen rund 16 km auf dem breiten Seitenstreifen der Landstraße SE-185, die wenig befahren, recht angenehm zu laufen und landschaftlich sehr schön ist. Wir kommen vorbei an einem Abzweig zur Ermita de Nuestra Señora de Cala, die aber etwas abseits liegt, und an den kleinen Ortschaften Las Mina und El Tinjar. In weiten Kurven durchquert die

Zwischen Castilblanco des los Arroyos und Almadén de la Plata der Naturpark El Berrocal: der Aufstieg zum 550 Meter hohen Mirador wird belohnt mit einem großartigen Panorama von der Sierra del Norte de Sevilla.

Straße weite Landgüter, steigt allmählich auf über 500 m und erreicht dann beim Miliario den Eingang zum Naturpark El Berrocal.

Wir verlassen die Landstraße, biegen rechts ab in den Park. Nach ca. 1,5 km kommen wir zu den Gebäuden der Parkverwaltung, wo es auch einen Brunnen gibt, dessen Wasser aber nicht trinkbar sein soll. Wenn man Glück hat, trifft man einen der Ranger und bekommt von dem in Flaschen abgefülltes Wasser. Wir gehen auf der Asphaltpiste ca. 2,5 km hinunter in eine Senke, wo zunächst ein Bach zu queren ist und wo dann an einem See Tische und Bänke zu einer Rast einladen. Es geht weiter auf einer Schotterpiste über einen Bach bis zum Miliario, wo wir nach links abbiegen und einen Hang bis zu einem verlassenen Haus hochsteigen, und danach ca. 3,5 km auf Wald- und Wiesenwegen bergauf und bergab durch Eukalyptuswald und Buschlandschaft. Bei der zweiten Wegkreuzung wechseln wir links durch ein Tor auf einen Bergpfad, der zunächst leicht, dann nach fast 2 km aber steil hinaufführt zum 550 m hohen Mirador mit einer wirklich wundervollen Aussicht: zurück auf die Sierra del Norte de Sevilla und nach vorn auf Almadén de la Plata mit einem aus den weißen Häusern herausragenden roten Turm.

Auf einer breiten Piste steigen wir wieder hinunter, sehen rechts das Kreuz auf dem Cerro del Calvario, gehen auf von Orangenbäumen flankierten Straßen durch den Ort, an Kirche und Rathaus vorbei und weiter auf der Ausfallstraße Richtung Santa Olla. Kurz vor Ortsende liegt an einem kleinen Platz ein neues Haus mit auffällig gelben Fenstern. Darin befindet sich die sehr gut ausgestattete Herberge mit über 70 Liegen, verteilt auf mehrere Räume. Stempel und Schlüssel bekommt man direkt dahinter in der Calle Puerto de la Cruz Nr. 26. Ein paar Straßen stadteinwärts gibt es ein Restaurant in der »Casa Concha«, wo man auch übernachten kann.

Wissenswert:
Der Ortsname Almadén geht auf eine arabische Bezeichnung zurück und der Zusatz »de la Plata« erinnert an die Reconquista durch die Ritter des Ordens von Santiago. Früher gab es hier auch eine Santiago geweihte Kirche, die heutige Kirche Santa María de Gracia stammt aus dem 16. Jahrhundert.

4 Almadén de la Plata •→ El Real de la Jara

Wegübersicht: Almadén de la Plata (460 m) – 16 km – El Real de la Jara (470 m). Insgesamt: 16 km (88/912 km).

Bequem und problemlos auf der wenig befahrenen Landstraße A463 durch eine schöne, mit Steineichen bewachsene Hügel- und Weidelandschaft bis nach El Real de Jara. Auf dem ganz Weg kein Wasser und keine Infrastruktur-Einrichtungen

Infrastruktur:
Einkaufen: El Real de Jara.
Essen: El real de Jara.
Übernachten: El Real de Jara (Herberge, Pension).
Medizinische Versorgung: El Real de Jara (Apotheke und Centro de Salud).
Hinweis: Die frühere, sehr schöne, aber schwierige Wegführung in einem Zickzack-Kurs und einem ständigen Auf und Ab durch die ein-

gezäunten Gebiete mehrerer Landgüter hindurch scheint nicht mehr erlaubt oder zumindest riskant zu sein. Da die Gefahr besteht, dass Tore doch nicht geöffnet werden und Hütehunde den Weg versperren, scheint es besser und auch sicherer, von vornherein und ausschließlich die Landstraße nach El Real de Jara zu nehmen.

Wegbeschreibung:

Ohne auf die Wegmarkierungen zu achten, gehen wir von der Herberge in den Ort zurück, folgen dann den Straßenschildern Richtung El Real de la Jara und verlassen Almadén de la Plata auf der A463. Die Landstraße kurvt gemächlich 16 km durch die Sierra Norte de Sevilla, vorbei an Wiesen, auf denen unter Steineichen Schafe, Ziegen und die berühmten schwarzen Schweine weiden. Vom Verkehr so gut wie ungestört, durch keine Zäune (und Hunde) behindert und nicht auf eine mehr oder weniger gute Wegmarkierung angewiesen, läuft es sich (trotz Asphalt) recht angenehm und es bleibt Zeit, die Landschaft zu genießen und seinen Gedanken nachzugehen.

Vor El Real de la Jara stoßen wir auf einen Miliario-Quader, folgen der Wegmarkierung in den Ort über die Plaza de España bis zum Rathaus, wo es in der Touristeninformation Stempel und Schlüssel für die Herberge gibt. Die Herberge liegt am Ortsanfang oberhalb der Straße, die wir hineingekommen sind, so dass man wieder zurücklaufen muss: zunächst zur Plaza de España, dort vor der Bank rechts hinauf, dann wieder links und weiter bis zum letzten Haus. Hier gibt es zwölf Betten, einen Aufenthaltsraum, eine Küche und eine Veranda mit einem schönen Blick auf den Ort und die Burg. Wer es sich etwas bequemer machen will, bleibt im Ortszentrum und übernachtet in der Familienpension Casa Molina in der Calle Real Nr. 70 und wer sich etwas mehr zutraut, geht unterhalb der Burg an der anderen Seite aus dem Ort hinaus und weiter bis Monesterio.

5 El Real de la Jara •→ Monesterio

Wegübersicht: El Real de la Jara (470 m) – 2 km – Burg an der Regionengrenze – 10,5 – Wallfahrtskapelle an der N-630 (529 m) – 8 km – Passhöhe Cruz del Puerto (790 m) – 1,5 km – Monesterio (750 m). Insgesamt: 22 km (110/890 km).

Gut die erste Hälfte der Etappe auf Sandwegen durch eine z. T. wildromantische Landschaft. Nach der Kapelle an der N630 bis fast zur Passhöhe vor Monesterio improvisierte Wegsuche durch eine große Autobahnbaustelle auf Trampelpfaden und LKW-Pisten, National- und Nebenstraßen. Wasser und Lebensmittel nahe bei der modernen Kapelle an der N630.

Infrastruktur:

Einkaufen: bei der Kapelle an der N-630, Monesterio.
Essen: Monesterio.
Übernachten: Monesterio (Herberge, Hotels, Pension).
Medizinische Versorgung: Monesterio (Apotheke und Centro de Salud).
Hinweise: In Monesterio empfiehlt sich in Besuch im »Centro de Interpretación de la Via de la Plata« in der Region Extremadura; evtl. auch ein Ausflug zum im Mittelalter vom Santiago-Orden gegründeten Kloster Nuestra Señora de Tentudía, wo u. a. auf einem Altarbild in der Santiago-Kapelle auch ein Jakobus als Maurentöter zu sehen ist.

Wegbeschreibung:

Von der Herberge aus folgen wir den Wegmarkierungen durch El Real de la Jara, verlassen auf der Calle Real den Ort und kommen nach ca. 1 km bei der Burgruine Castillo de las Torres zu einem Bach, den wir queren, damit die Autonome Region Andalusien verlassen und die Autonome Region Extremadura betreten. Auf der anderen Bachseite steht unübersehbar die erste der großen, von der Junta in der Region an der Via de la Plata aufgestellten Granittafeln mit einem Überblick über die jeweilige Etappe und mit lesenswerten kunsthistorischen und praktischen Informationen.

Weiter geht es auf bequem zu laufenden Sandwegen gut 10 km lang durch die z. T. wildromantischen Ausläufer der Sierra Norte de Sevilla – die angenehme Hälfte der heutigen Etappe, die man in Ruhe genießen sollte. Kurz vor der unseren Weg kreuzenden Landstraße nach

Auf einem angenehm zu laufenden Weg geht es von Andalusien hinüber in die Region Extremadura: Nach gut 100 Kilometern sind es noch fast 900 Kilometer bis Santiago de Compostela.

Lierena steht auf einem großen Platz eine moderne Kapelle für die vielen Wallfahrer, die früher zur weiter nördlich liegenden, alten Ermita San Isidoro zogen. 150 m links davon an der Einmündung der Landstraße in die N630 steht ein Lebensmittelgeschäft mit einem Getränkeautomaten.

Da ab hier seit einigen Jahren parallel zu Nationalstraße die Autobahn gebaut und dadurch die gekennzeichnete Wegführung immer wieder unterbrochen wird, beginnt nun die etwas komplizierte Hälfte der Etappe, die etwas Improvisationsvermögen erfordert (wobei die Bauarbeiter sich als sehr hilfreich erwiesen haben). Je nach Baustellenverlauf und aktuellem Stand der Bauarbeiten muss sich jeder seinen Weg suchen, teils auf Trampelpfaden und Baustellepisten, teils auf der viel befahrenen Nationalstraße und auf ruhigen Nebenstraßen – wie auch immer, auf jeden Fall immer Richtung Norden, vorbei an der Antigua Ermita de San Isidoro rechts am Hang, später dann an einem großen Camping-Arreal links unten im Tal und an dem auf der linken

Seite am Horizont auf einem Berg liegendem Kloster Nuestra Señora de Tentudía.

Nach rund 8 km steigen wir dann hoch zum fast 800 m hohen Pass Cruz del Puerto mit einem Brunnen und einem Picknickplatz und auf der anderen Seite wieder hinunter nach Monesterio. Am Ortsanfang liegt das Haus des Roten Kreuzes, in dem eine kleine Herberge mit sechs Liegen und einigen zusätzlichen Matratzen eingerichtet worden ist. Schlüssel und Stempel holt man sich im dahinter liegenden Hotel Moya, wo man natürlich auch übernachten, zu Abend essen und auch frühstücken kann. Im Ort findet sich alles, was man braucht: weitere Pensionen, Geschäfte, Banken, Bars, Restaurants.

Sehenswert:

Monesterio: Im Zentrum wurde am Platz unterhalb der gotischen Kirche San Pedro Apostól eines der drei »Centros de Interpretación de la Via de la Plata« in der Region Extremadura eingerichtet, das – medial und didaktisch gut aufbereitet – ausführlich und anschaulich über die Entwicklung der Römerstraße im Verlauf der Jahrhunderte informiert und damit eine interessante Einführung in den Weg durch diese Region bietet.

Der Turm von Tábara in Santo Toribio de Liébana

Eine mozarabische Miniatur als Camino-Déjà-vu

Schon von weitem ist er zu sehen und irgendwie kam er mir bekannt vor: der Kirchturm der Pfarrkirche Santa Maria von Tábara. Dieser kleine Ort zwischen Zamora und Puebla de Sanabria war am 27. April 2006 mein Etappenziel auf der Via de la Plata von Sevilla nach Santiago de Compostela. Die kleine Herberge am Ortsende sieht recht gut aus, hat aber – wie mir Fred, ein deutscher Auswanderer aus Australien, etwas verärgert erklärt – zur Zeit kein heißes Wasser. Also wieder durch den Ort zurück bis zum Hostal an der Tankstelle, wo ich – genau so wie Manfred und Christina aus Frankfurt so wie zwei Fuß- und

Tábara mit Marienkirche an der galicischen Variante der Via de la Plata

Turm und Schreibstube des ehem. Klosters San Salvador von Tábara (Miniatur aus dem dort entstandenen Beatius-Codex von 970

Buspilger aus Nürnberg – nicht nur ein Zimmer, sondern auch noch ein spätes Mittagessen bekomme. Danach gewaschen, geduscht, ein wenig geschlafen. Dann – weil es gegen Abend etwas kühler wurde – in einer Bar an der Plaza Mayor zum Aufwärmen einen Cognac getrunken und noch einen Blick in die Kirche geworfen, die ausnahmsweise nicht geschlossen ist, weil sie heute als Museum dient.

Eine kleine Dokumentation in der Kirche berichtet über das ehemalige, frühmittelalterliche Kloster San Salvador, in dem bis zu 600 Mönche und Nonnen lebten, beteten und arbeiteten, u. a. Handschriften kopierten und im mozarabischen Stil mit großem kunst/ handwerkli-

Kloster Santo Toribio de Liébana in Kantabrien

chen Können und außergewöhnlicher Kreativität illuminierten. Während der Blütezeit des Klosters in der 2.Hälfte des 10. Jh. hat der Mönch Magius mit der Ausmalung des vom Mönch Senior kopierten Apokalypsekommentars des Beatus von Liébana begonnen, die dann sein Schüler Emeterius um 970 vollendet hat.

Am Schluss dieser Handschrift hat Emeterius den Kirchturm, der heute fast noch so aussieht wie damals, und daneben das Scriptorium von Tábara gemalt, in dem er – wie er schreibt – viel Zeit zugebracht hat, »gebeugt über das Pergament; meine Feder und meine Knochen brechend«. Diese mozarabische Miniatur, die zu einem Poster vergrößert in der Kirche in Tábara hängt, hatte ich schon einmal gesehen – im Frühjahr 2005 bei einem Abstecher vom Camino Norte zum Kloster Santo Toribio de Liébana, in der Ausstellung »Beato de Liébana y los Beatos«.

Nach Wochen auf dem Camino Norte war ich am 5. Juni 2005 in Unquera angekommen. Beim Abendessen hatten Jakob und Lisett aus Belgien bei einem leckeren Fischessen von einem berühmten Kloster in der Nähe erzählt und in der Ferne lockten die schneebedeckten

Plakat zur Ausstellung von Beatus Codices im Kloster Santo Toribio des Liébana

Franziskanermönch mit der Kreuzreliquie von Santo Toribio des Liébana

Picos de Europa. Am nächsten Morgen nahm ich kurzentschlossen den Bus und fuhr ca. 40 km Richtung Süden durch die wildromantische Schlucht Desfiladero de la Hermida im Tal des Rio Deva bis hinauf nach Potes. Von hier aus geht es dann noch ca. 3 km westlich zu Fuß bis zum Kloster Santo Toribio de Liébana. Unterwegs kam mir erst ein gegen den Sturm ankämpfender Reiter entgegen und dann überholte ich einen zielstrebig ausschreitender Pilger, beides lebensgroße und recht realistisch ausgebildete Skulpturen am Straßenrand.

Es gibt übrigens auch einen Pilgerweg der vor Unquera bereits in Hortigal bei San Vicente de la Baquera vom Camino Norte abzweigt, über Lebeña mit der sehenswerten Kirche Santa Maria de Lebeña aus dem 10. Jh. im mozarabischen und asturisch romanischen Stil bis nach Potes führt und nach ca. 55 Kilometer das Kloster Santo Toribio de Liébana erreicht (Outdoor-Handbuch Band 141 »Nordspanien: Alternativroute«, 2004).

Das Kloster Santo Toribio de Liébana vor der grandiosen Kulisse der östlichen Ausläufer der Picos de Europa stammt aus dem 7. Jh., wurde im 13. Jh. um- und in den letzten Jahrzehnten zu einer Pilgerstätte ausgebaut, die seit 1961 von Franziskanern betreut wird. Hier schrieb der Mönch Beatus de Liébana im 8. Jh. seine Kommentare zur Geheimen Offenburg nach Johannes und zum Buch Daniel. Sie wurden in verschiedenen Klöstern immer wieder kopiert und prächtig illustriert, u. a. auch im Kloster Tábara. Darum hing in der im Kreuzgang von Santo Toribio gerade eröffneten Ausstellung über Beatus von Liébana und die vielen Kopien seines Apokalypsenkommentars, die sog. »Beatos«, als ein Zeitzeugnis die Miniatur von der Schreibstube mit dem Kirchturm von Tábara, die anscheinend einen bleibenden Eindruck auf mich gemacht haben muss, so dass ich fast ein Jahr später den Anblick des Turms in Tábara als ein Déjà-vu erlebte.

Berühmt wurde das Kloster Santo Toribio aber wegen des angeblich größten Splitters vom Kreuz Christi, das der Bischof Toribius im 5. Jh. von Jerusalem hierher gebracht haben soll und das heute in einem Silberreliquiar aufbewahrt wird. Eine letzte wissenschaftliche Prüfung im Jahre 1958 ergab: es handelt sich bei dem »Lignum Crucis« um libanesisches Zypressenholz, das mehr als 2000 Jahre alt ist. Diese bedeutende Reliquie ist auch der Grund, dass nicht nur Jerusalem, Rom und Santiago de Compostela, sondern auch Santo Toribio des Liébana durch ein päpstliches Privileg seit 1512 ein »Jubileo«, ein Heiliges Jahr, feiern darf und zwar immer dann, wenn der 23. April, der Festtag des Heiligen Toribius, auf einen Sonntag fällt.

Ich kehrte nach Unquera zurück, überquerte am nächsten Morgen die Brücke über den Mündungsarm der Ria de Tina Mayor, der die Grenze zwischen Kantrabien und Asturien bildet, und ging weiter auf meinem »Atlantikküsten-Camino«, von Notre-Dame de la Fin des Terres in Soulac-sur-Mer immer gen Westen bis nach Fisterra – »von einem zum anderen Ende der Welt« (siehe dazu meinen unten erwähnten Bericht).

Literaturhinweise

Kerkhoff, Winand: Atlantikküsten-Camino. Von einem zum anderen Ende der Welt (Soulac-Fisterre). In: Die Kalebasse, Nr. 39, Solingen 2006, S. 69–87

Raju, Alison und Münzenmayer-Stipanits, Bernhard: Camino Mozárabe. Die Via de la Plata von Sevilla nach Astorga bzw. nach Santiago de Compostela. Solingen 1999 (Tábara: S. 72 und Karte auf S. 70)

Wipper, Heinrich: Heiliges Jahr 2006 »Santo Toribio de Liébana«. In: Die Kalebasse, Nr. 41, Solingen 2007, S. 63–68

2008 Frankreich

Auf Sentiers de Saint Jacques:

4. Etappe von Cluny bis Le Puy

(Wanderungen mit Freund Peter auf Jakobswegen durch Frankreich von der Mosel bis zu den Pyrenäen in fünf Etappen. 1. Etappe von Le Puy bis Espalion/Rodez im Jahre 2000 (Insgesamt: 193 km); 2. Etappe von Cahors bis Aire-sur-l'Adur/Pau im Jahre 2001 (insgesamt: 292 km) und 3. Etappe von Dijon bis Tournus mit den Freunden Peter und Jochen im Jahre 2002 insgesamt: 98 km)
01.09.2008 Aufbruch zur 4. Etappe von **Cluny** mit Freund Peter – Auf dem mit Muschel ausgezeichneten **GR 76** über Cenves, Poule-les-Écharmeaux, Le Cergne, Briennon, Renaison, Saint-Jean-Saint-Maurice, Pommiers-en-Forez, Montverdun, Saint-Thomas-la-Garde, La-Chapelle-en-Lafaye, Saint-Georges-Lagricol und Saint-Paulien nach **Le Puy-en-Velay**: Ankunft am **15.09.2008** und damit der Anschluss an die Via Podiensis. (insgesamt: **298 km**) – Rückfahrt mit dem Zug nach Bonn.

- »Bonne Nuit?! Zwischen Cluny und Le Puy« (»Kalebasse« Nr. 45, S. 32–40, Januar 2009)
- »San Giacomo il Maggiore in Orsei auf Sardinien« (»Kalebasse«, Nr. 45, S. 78–80, Januar 2009)

◀ Halbwegs zwischen Cluny und Le Puy in der Kirche von Saint-Maurice-sur-Loire ein Saint Jaques-Fresko aus dem 13. Jahrhundert: ein Beweis dafür, dass hier schon vor uns bereits im Mittelalter Santiagopilger die Loire gequert haben.

»Bonne Nuit?!«

Zwischen Cluny und Le Puy

Die Teilstrecke von Cluny nach Le Puy auf dem Jakobsweg nach Santiago de Compostela sind schon viele Pilger/Wanderer gegangen, und viele lesenswerte Berichte sind darüber geschrieben worden. Und so wäre auch den Ausführungen in der im Juli 2008 erschienenen Kalebasse Nr. 44 nichts Neues und Wesentliches hinzuzufügen, wenn nicht auf unserer Wanderung das Übernachten zu einem (nicht immer) amüsanten Abenteuer ausgeartet wäre, das an jedem Morgen erneut mit der Frage begann, ob es am Abend überhaupt eine Möglichkeit zum Übernachten geben wird, und das damit endete, dass es eine zuvor nicht geahnte Vielfalt von letztlich doch gefundenen Übernachtungsmöglichkeiten gegeben hat.

Um eine der letzten Lücken auf meinen Jakobswegen von Bonn nach Santiago de Compostela zu füllen, bin ich vom 1. bis 15. September 2008 mit einem Freund die ca. 300 km lange Etappe von Cluny nach Le Puy-en-Velay gegangen. Geleitet durch den Wegführer »Les Chemins de Saint-Jacques-de-Compostelle – De Cluny au Puy-en-Velay«, gut vorbereitet durch die Renseignements pratiques in »Chemin de Saint-Jaques de Cluny au Puy-en-Velay« und ausgestattet mit der »Carte de Pèlerin« der Düsseldorfer St. Jakobusbruderschaft. Das Hôtel du Commerce in **Cluny** hatte mein Freund von Deutschland aus per Mail vorgebucht (55,00 € das Doppelzimmer mit Frühstück; wenn nichts anderes angegeben, immer der Preis für uns beide zusammen). Ansonsten wollten wir – wie gewohnt – von Tag zu Tag je nach Wetterlage und Wohlbefinden ein Etappenziel mit Übernachtungsmöglichkeiten auswählen, ohne uns aber durch vorherige telefonische Buchungen festzulegen.

Dienstag, 2. September

Am ersten Tag hat das auch wunderbar geklappt. In **Cenves** kamen wir direkt am Hôtel-Restaurant Dargaud vorbei, wurden sehr freundlich aufgenommen, bekamen im Anbau jeweils ein großes Doppelzimmer

Ausgangspunkt dieser Wanderung ist die ehemalige Abteikirche von Cluny, überragt vom achteckigen Wasserturm, daneben der kleine Uhrenturm. (Foto H.Wipper)

zum Preis eines Einzelzimmers (54,00 € mit Halbpension) und waren beim recht opulenten Abendessen die einzigen Gäste. Als wir auf unserem Abendspaziergang en passant feststellten, dass die im Übernachtungsverzeichnis aufgeführten Wanderherbergen (= fr. gîtes d'étapes) kommentarlos geschlossen waren, hätten wir gewarnt sein sollen.

Mittwoch, 3. September

Mit dem zweiten Tag begann dann das Abenteuer. Am Nachmittag überraschte uns ein Gewitter. Noch nicht richtig akklimatisiert versuchten wir uns im Wald unterzustellen, wurden natürlich trotzdem recht nass und kamen erst gegen Abend an die Kreuzung von Les Écharmeaux, wo es drei Übernachtungsmöglichkeiten geben sollte: das Hôtel des Nations hatte Ruhetag und ließ sich auch nicht durch mehrfaches Klingeln aus der Ruhe bringen; der Besitzer der einen Auberge hatte sich lt. Schild an der Tür zum »Pilze Sammeln« abgemeldet, der von der anderen Auberge verwies uns trotz einbrechender Dunkelheit an das Hotel im 3 km entfernten Ort. So erreichten wir nach 34 km endlich **Poule-les-Écharmeaux** und im strömenden Regen gegen 21 Uhr das Hôtel-Restaurant de la Gare, das aber mit Montagearbeitern voll belegt war. Der Wirt hatte Erbarmen und gab

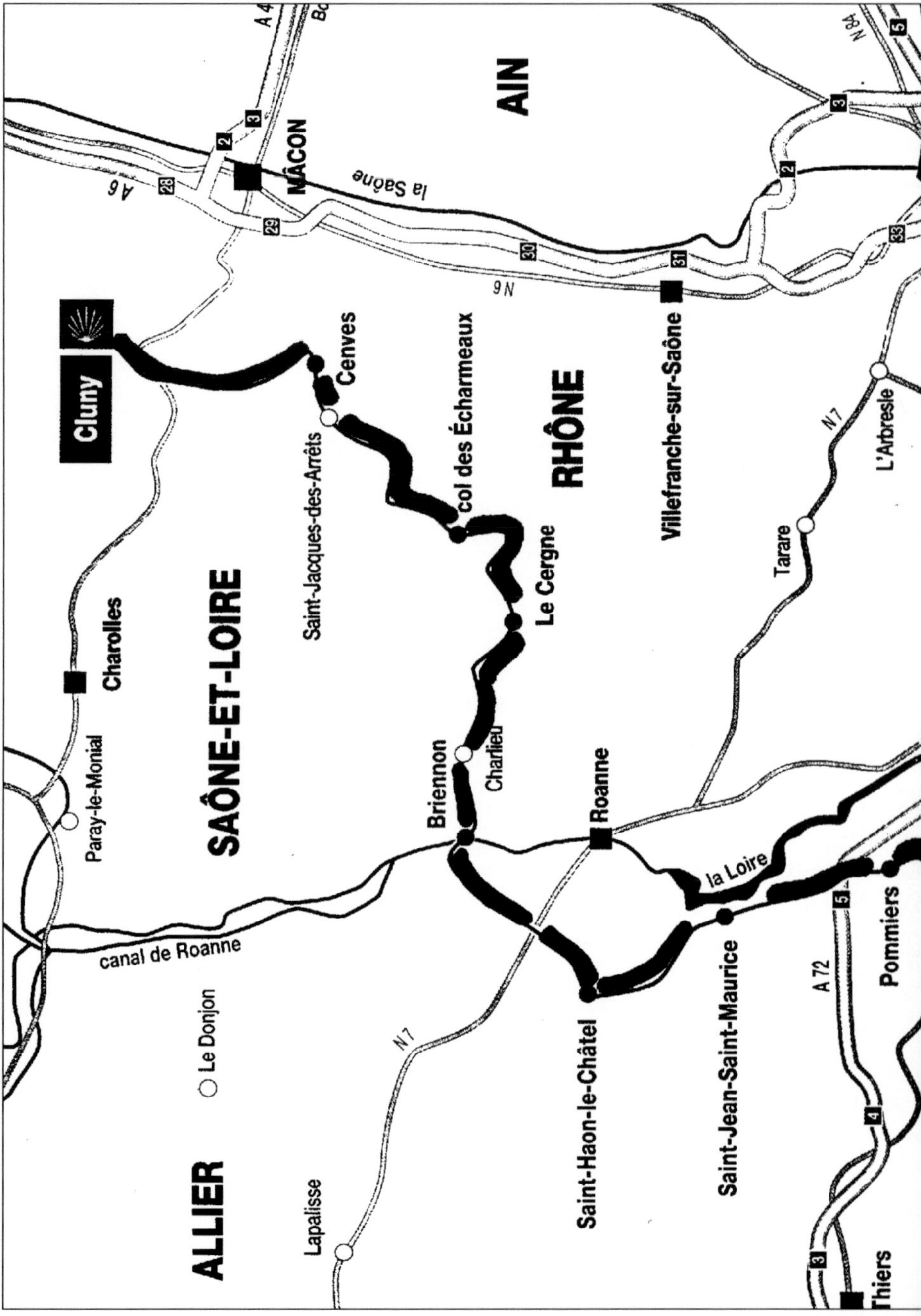
AIN
MÂCON
la Saône
A 6
N 6
Cluny
Cenves
Saint-Jacques-des-Arrêts
col des Écharmeaux
RHÔNE
Villefranche-sur-Saône
L'Arbresle
N 7
Tarare
Le Cergne
SAÔNE-ET-LOIRE
Charolles
Paray-le-Monial
Briennon
Charlieu
Roanne
la Loire
Pommiers
canal de Roanne
Le Donjon
Saint-Haon-le-Châtel
Saint-Jean-Saint-Maurice
A 72
ALLIER
Lapalisse
Thiers
N 84

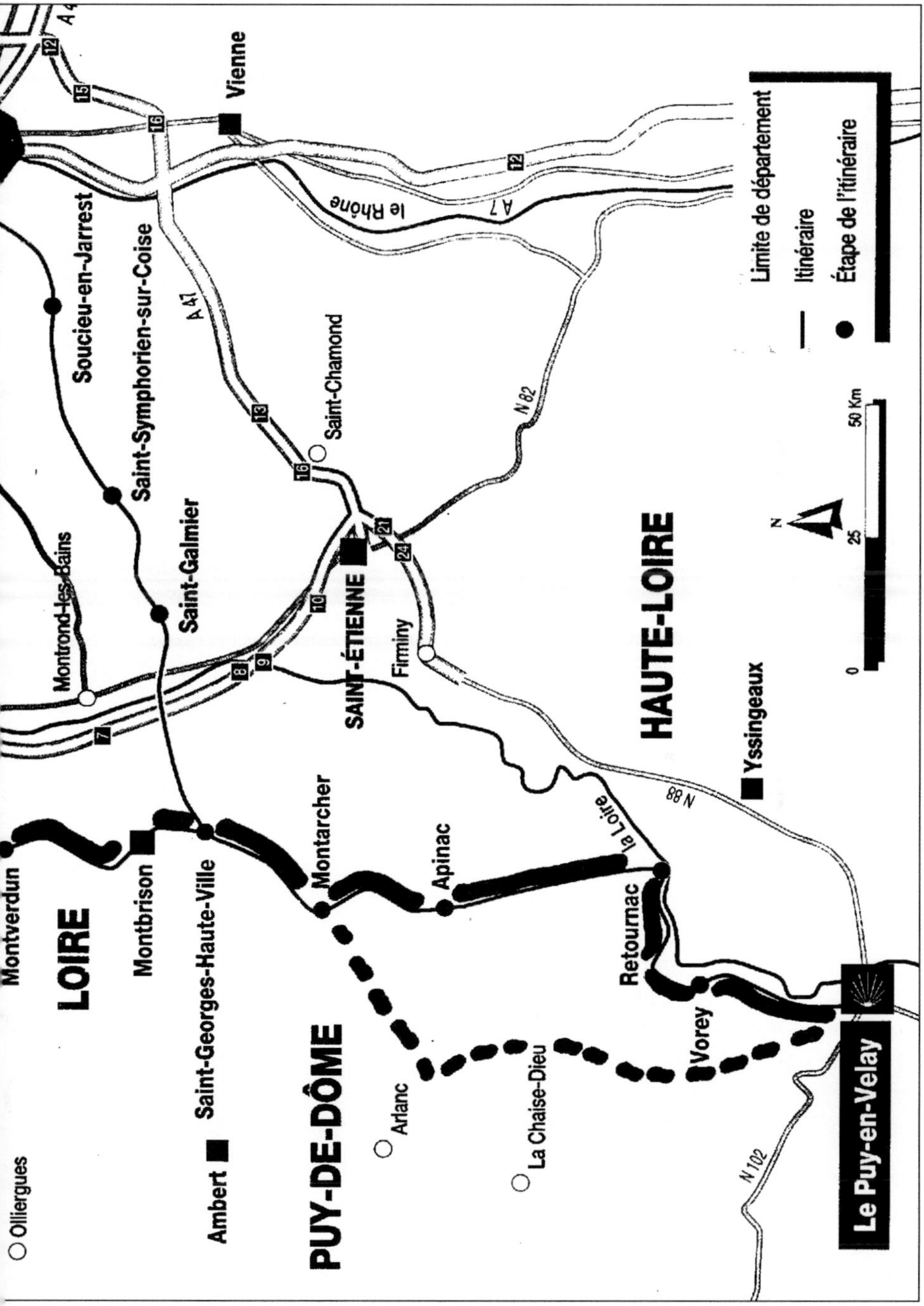
Vienne
Soucieu-en-Jarrest
Saint-Symphorien-sur-Coise
Saint-Galmier
Montrond-les-Bains
Saint-Chamond
SAINT-ÉTIENNE
Firminy
le Rhône
A 7
A 47
N 82
N 88
HAUTE-LOIRE
Yssingeaux
Montverdun
LOIRE
Montbrison
Saint-Georges-Haute-Ville
Montarcher
Apinac
la Loire
Retournac
Vorey
PUY-DE-DÔME
Ambert
Arlanc
La Chaise-Dieu
Olliergues
N 102
Le Puy-en-Velay
Limite de département
Itinéraire
Étape de l'itinéraire
N
0
25
50 Km

uns ein recht privat aussehendes Zimmer mit zwei riesigen Doppelbetten, Dusche und Toilette über den Gang. Wir durften in aller Ruhe erst ein Bier trinken, dann all unsere nassen Sachen versorgen, danach heiß duschen, bekamen dann noch ein sehr spätes, warmes und leckeres Abendessen und waren den Wirtsleuten mehr als dankbar (74,00 € das Doppelzimmer mit Halbpension).

Donnerstag, 4. September

Nach dieser doch recht anstrengenden Etappe ließen wir uns am dritten Tag etwas mehr Zeit und gönnten uns auch etwas mehr Komfort. Wir gingen nur 17 km bis **Le Cergne** und kamen im dortigen Hotel Bel'vue (Logis de France) sehr gut unter: das Zimmer war genau so geschmackvoll eingerichtet wie das Restaurant, in dem man uns ein delikat zubereitetes Menü servierte (100,00 € das Doppelzimmer mit Halbpension).

Freitag, 5. September

Als nächstes Tagesziel hatten wir **Briennon** ausgewählt, weil der Name des Chambre d'hôtes sich sehr verlockend anhörte: Le Relais du Canal. Es lag aber nicht am Kanal, sondern an der Durchgangstraße, das Entree war eine recht schäbige Bar und der Aufgang über eine dunkle Hintertreppe führte in ein – auf den ersten Blick – schmuddelig wirkendes Zimmer, das wir sofort wieder verlassen hätten, wenn es eine andere Unterkunft gegeben hätte. Wir begnügten uns und wurden belohnt: Die Dusche war heiß, das Bett bequem und der Morgenkaffee gut. Was will man mehr für 48,50 € (Doppelzimmer ohne Frühstück), und die Pizzeria, in der wir gut zu Abend gegessen hatten, lag direkt am Kanal.

Samstag, 6. September

Am anderen Morgen konnten wir sorgenfrei losgehen, weil für **Renaison** beide Führer fünf Übernachtungsmöglichkeiten anbieten. Ohne Probleme kamen wir im Hôtel Central unter (50,00 € Doppelzimmer mit Frühstück). Ein recht gutes Stadthotel mit einem kleinen Restaurant, in dem es am Abend ein sehr gutes Menü für 20,00 € gab. Danach haben wir wunderbar geschlafen, bis wir in der Nacht glaubten, hinter der Wandverkleidung Mäuse laufen zu hören.

Sonntag, 7. September

In Saint-Jean, einem Ortsteil der Gemeinde **Saint-Jean-Saint-Maurice**, wurden wir übermütig nach dem Motto: »geht vorbei und schaut nicht rein«. Wir sind dort erst einmal an einem Hotel und einer Auberge ohne zu Fragen vorbeigegangen, um uns die sehenswerte romanische Kirche in Saint-Maurice anzuschauen. Als wir dann nach dem Kunstgenuss zurückkamen, schickte uns der Hotelier zur Auberge, die aber keine Zimmer mehr vermietete. Die Wirtin ließ uns aber nicht im Regen stehen: Während wir ein Bier tranken, telefonierte sie und besorgte uns ein Nachtquartier, gute drei Kilometer entfernt, irgendwo auf dem Lande. Das Gästezimmer mit Gästetisch (fr. Chambre et table d'hôtes) L'Eau de Puits entpuppte sich als ein respektables, komplett restauriertes, ländliches Anwesen, das von Nathalie und Dominique Brette sehr gastfreundlich geführt wird. Wir bekamen eine Art Ferienwohnung im Maisonette-Stil. Dann gab es einen Aperitif im rustikalen Wohnzimmer und ein deftiges Abendessen in der riesigen Wohnküche, das die jungen Leute in unserem Beisein zubereiteten und mit uns einnahmen, zusammen mit einem weiteren Wanderer/Pilger aus Lyon, (übrigens der einzige, dem wir während der zwei Wochen begegnet sind). Und das alles für 80,00 € (Wohnung mit Halbpension), eingeschlossen der Aperitif und ein reichhaltigen Frühstücks am nächsten Morgen.

Montag, 8. September

In **Pommiers-en-Forez** besichtigten wir zunächst das Priorat in einem Schloss mit mächtigen Türmen und vielen leeren Zimmern, die allerdings aus wirtschaftlichen Gründen leider nicht als Herberge genutzt werden. So blieb uns nur der Camping municipal nahe bei der alten Brücke über den Fluss Aix. Zumindest für mich war es die erste Übernachtung in einem Campingwagen und – obwohl der schon ziemlich abgewohnt aussah – habe ich nach einer Katzenwäsche in der Gemeinschaftsdusche recht gut geschlafen; im Gegensatz zu meinem Camping-erfahrenen Freund, der andauernd mit seinem Schlafsack zu kämpfen und so eine etwas unruhige Nacht hatte. Morgens wurde uns dann sogar noch im Vorzelt eines anderen Campingwagens ein kleines Frühstück serviert (25,00 € der Wohnwagen mit Frühstück). Da hatten wir noch einmal Glück gehabt, aber nach diesen Erfahrungen sahen wir uns dann doch gezwungen, die Übernachtungsmöglichkeiten vorher telefonisch abzuklären, was aufgrund seiner guten französischen Sprachkenntnisse – Gott sein Dank! – mein Freund übernahm.

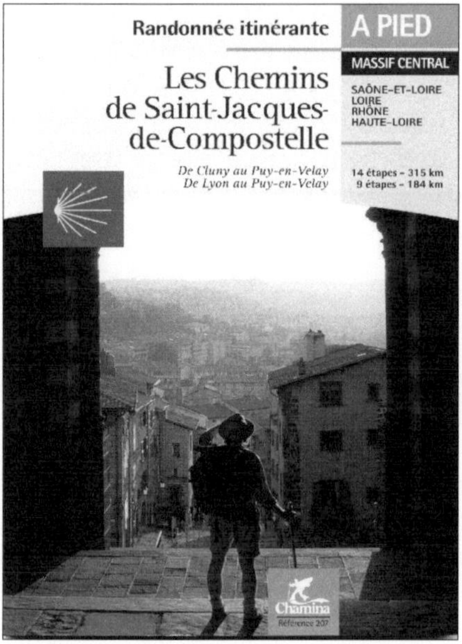

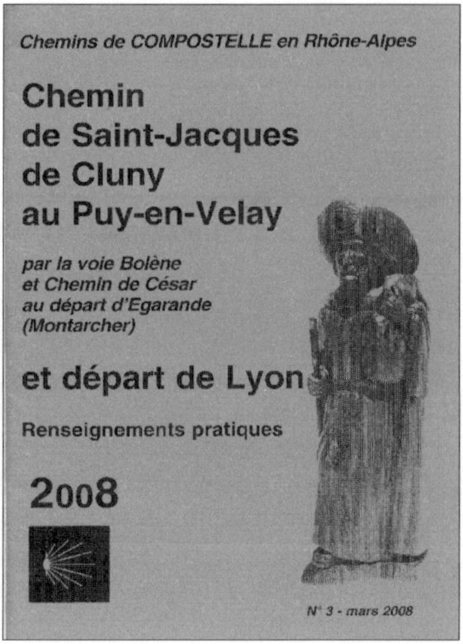

Titelbilder der beiden französischsprachigen Wegführer zum Jakobsweg von Cluny nach Le Puy

Dienstag, 9. September

Telefonisch vorweg angemeldet wurden wir in **Montverdun** von einem der Freunde der Association des Amis du Pic bereits erwartet und bekamen im Gîte – zusammen mit dem Wanderer aus Lyon – eines der 10–12 Betten im ehrwürdigen Kapitelsaal der bestens restaurierten Ancien Prieuré (13.00 € pro Bett). Gegessen haben wir unten im Ort im Restaurant »Le St. Porcaire«. Dort wurde ein Büffet mit einer riesigen Auswahl von Vor-, Haupt- und Nachspeisen für nur 29,00 € inklusive Getränken angeboten, an dem sich ansonsten anscheinend nur die Familie und Freunde der Besitzer bedienten.

Mittwoch 10. September

Saint-Thomas-la-Garde bietet ein recht exklusive Gästezimmer unter dem Namen »Les Nonnains«, geführt vom charmanten Ehepaar J. und D. Belin. Es handelt sich um ein stattliches Stadthaus auf dem Lande mit der sprichwörtlichen französischen Atmosphäre, mit gepflegten Zimmern ganz in Weiß und einem zum Ausruhen einladenden Garten.

Für das Abendessen wurde uns das Restaurant »Criu Blanc« im Nachbarort empfohlen, wo wir nach einem Spaziergang mitten durch die Maisfelder recht gut für 57,00 € gegessen haben. Als besonderen Service ließ Madame unsere Wäsche waschen und stellte am nächsten Morgen das Frühstück bereit, da sie mit ihrem Mann sehr früh das Haus verlassen musste.

Donnerstag, 12. September

In **La-Chapelle-en-Lafaye** gibt es eine Wanderherberge, die in einem alten Schulhaus direkt neben der Kirche untergebracht ist. Nach der telefonischen Vorbestellung und einem weiteren Anruf bei Ankunft wurde uns die Herberge aufgeschlossen. Es standen uns beiden ein großer Ess- und Aufenthaltsraum mit einer kleinen Küche und dahinter ein Schlafraum mit ca. zehn Betten zur Verfügung (12 € pro Bett). Im Restaurant Auberge du Marais bekamen wir gerade noch ein Bier, dann war Feierabend. Der Wirt erklärte sich aber zu einem Pilger-Catering bereit, brachte uns das Menü in die Herberge, wo wir es in der Mikrowelle aufgewärmt und bei Kerzenschein zu uns genommen haben. Das Frühstück konnten wir am anderen Morgen im Restaurant einnehmen (insgesamt 54,00 € für Abendessen und Frühstück).

Freitag, 13. September

Saint-Georges-Lagricol erreichten wir auf Umwegen, weil wir zeitweise einem mit Muschel ausgezeichneten und nach Caesar benannten Chemin gefolgt waren, und im Ort sind wir lange durch die leeren Straßen geirrt, bis wir endlich die Herberge in einem ehemaligen Kloster entdeckt haben. Im Gîte du Bon Accueil sollten wir ausnahmsweise nicht die einzigen Gäste sein: Es wurde eine Jugendgruppe erwartet und so gab uns der junge Betreuer freundlicherweise einen separaten Raum mit kleiner Küche, Dusche und Toilette so wie mit einem eigenem Ausgang über die Feuertreppe (24,60 €). Zu Abend gegessen haben wir im einzig geöffneten Restaurant außerhalb des Ortes an der Landstraße und zum Frühstück hat mein Freund Croissants geholt und dazu einen Kaffee gemacht.

Samstag, 14. September

Als wir in **Saint-Paulien** um die außergewöhnlich weit gerundete Apsis der romanischen Kirche herumkamen, standen wir direkt vor dem Hôtel des Voyageurs. Wir wurden sehr reserviert aufgenommen und kamen uns in dem großen Hotel recht allein vor, bis eine Kolonne von 16 Motorradfahrern in Zweierformation in den Hof einfuhr. Beim Abendessen war der Speiseraum bis auf den letzten Tisch besetzt und auch das Hotel anscheinend »complet«. Erst da wurde uns klar, dass wir wieder einmal Glück gehabt und wohl das letzte freie Zimmer bekommen hatten (51,00 € für das Doppelzimmer, Abendessen und Frühstück extra).

Sonntag, 15. September

Wir wollten gegen Mittag unser Endziel erreichen, um uns **Le Puy-en-Velay** noch einmal in aller Ruhe ansehen zu können. Leider hatten wir nicht an die Mittagspause gedacht und so standen wir vor dem Hotel, von dem wir vor acht Jahren zu unserer ersten Jakobsweg-Wanderung aufgebrochen waren, vor verschlossenen Türen. Da auch die anderen Hotels geschlossen hatten, wir aber für unseren Stadtrundgang unsere Rucksäcke loswerden wollten, blieb uns nur das Étap-Hôtel am Bahnhof. Hier konnten wir über einen Automaten einche-cken und bekamen nach Vorkasse per Mastercard eine Chipkarte, mit der wir unser Zimmer sofort beziehen konnten. Entsprechend diesem »automatischen« Vorgang war das Zimmer funktional eingerichtet: mit einem doppelstöckigem Bett, zwei Stühlen und dem TV-Gerät über dem Tisch und einem Bad mit Dusche und WC, alles perfekt und sauber, gut »gestylt« und doch etwas »cool« (45,10 € mit dem obligatorischen Continental-Frühstück). Um so angenehmer war die Atmosphäre im Restaurant »La Cadelade«, wo wir zum Abschluss unserer diesjährigen Wanderung ein großartiges Menü gegessen (85,00 €) und uns dabei an die Erlebnisse auf der Via Podiensis in den Jahre 2000/2001 erinnert haben. 2003 bin ich dann den Camino Frances, 2005 den Camino Norte und Primitivo und 2006 die Via de la Plata gegangen, um immer wieder in Santiago de Compostela anzukommen, wo ich im Jahre 1999 zum ersten Mal gewesen bin und am Fest des Heiligen Jakobus an den Feiern zum Heiligen Jahr teilgenommen hatte.

San Giacomo il Maggiore in Orosei auf Sardinien

Im Herbst 2008 waren wir, meine Frau und ich, auf Sardinien und haben eine Woche in der wunderbaren Hotelanlage Marina Beach am Golfo di Orosei an der Ostküste verbracht. Die Kleinstadt Orosei liegt zwei bis drei Kilometer entfernt im Landesinneren und ihr historisches Zentrum auf einem Hügel, überragt von einem weißen, weithin sichtbaren Campanile. Da wir einige Touren gemacht haben und auch den Strand genießen wollten, kam ich erst am letzten Tag dazu, mir den Ort einmal näher anzusehen.

Pfarrkirche St. Jakobus von Orosei
(= Chiesa Parrochiale di San Giacomo)

Jakobus der Ältere als Apostel mit Buch

Hl. Jakobus als Pilger

Hl. Jakobus mit Legendenszenen

Ein gut ausgeschilderter Spazierweg führt durch die historische Altstadt, hinauf zur Piazza del Popolo und von dort über eine breit angelegte Freitreppe zur hoch aufragenden, barocken Fassade der Pfarrkirche aus dem 18. Jahrhundert, zu der auch der Campanile gehört. Im weiten, überraschend aufgeräumt wirkenden Kirchenschiff wird der Blick sofort nach rechts Richtung Hauptaltar gelenkt, der von zwei Seitenaltären flankiert wird. Über dem linken Seitenaltar steht in einer Nische eine Apostelfigur, die unter dem linken Arm ein Buch trägt und den rechten Arm erhoben hat, um zu lehren und zu segnen. Auf der Brust sind – unübersehbar – zwei weiße Muscheln auf den braunen Überwurf geheftet: offensichtlich ein »San Giacomo il Maggiore« als »Apostolo« in einem bis zu den Knöcheln reichenden Gewand und mit bloßen Füßen in leichten Sandeln. Über dem rechten Seitenaltar – neben einer Skulptur von Papst Johannes XXIII. – noch ein »San Giacomo il Maggiore«, diesmal eindeutig als »Pellegrino« dargestellt: erkenntlich an den beiden weißen Muscheln auf dem schwarzen, nur knielangen Gewand, den hohen Wanderstiefeln, dem Pilgerhut, der ein wenig kess auf der rechten Schulter ruht, und dem

Pilgerstab, der allerdings als Kreuz ausgebildet ist. Auch er trägt in der linken Hand ein Buch, diesmal aber mit der plakativen, bezeichnenden Aufschrift: »Via, Veritas e Vita.«

Im Hinausgehen entdeckte ich an der Tür die Reproduktion eines von einem zeitgenössischem Künstler gemalten Bildes: im Zentrum – wie ein Zitat – die Figur des San Giacomo il Maggiore als Apostolo; links daneben ein anlandendes Schiff, das an die Legende erinnert, wie die Gebeine des Heilige Jakobus nach Nordspanien gekommen sind; links unten der Heilige Jakobus als »Matamoros«, der hoch zu Pferd die Mauren bekämpft; rechts oben eine Abbildung der Pfarrkirche von Orosei: »Chiesa Parrochiale di San Giacomo Apostole il Maggiore«.

2010 Bonn

Auf den Spuren der Jakobspilger in Bonn

10.03.2010 Stadtführung für die St.-Jakobus-Bruderschaft Düsseldorf auf den Spuren der Jakobspilger durch **Bonn**.

□ »Auf dem Jakobsweg durch Bonn« und »Stadtbummel durch Bonn mit Winand Kerkhoff« von Horst Degen (»Kalebasse« Nr. 48, S. 41 – 49 und S. 68 – 70, Juli 2010)

◄ Die Münsterbasilika in meiner Heimatstadt Bonn: Ausgangspunkt des Zubringers zum Jakobsweg von Köln durch die Eifel nach Trier und Zwischenstation auf dem Jakobsweg von Köln durch das Rheintal nach Bingen.

Auf dem Jakobsweg durch Bonn

Eine Spurensuche

Am Fahnenmast vor dem Nordportal des Münsters ist eine gelbe Jakobsmuschel auf blauem Grund angebracht. Hier startet einer der vom Landschaftsverband Rheinland zusammen mit der Deutschen St. Jakobus-Gesellschaft und der St.-Jakobus-Bruderschaft Düsseldorf erschlossenen »Jakobswege im Rheinland« und führt – so weit die Muscheln noch vorhanden sind – über Gielsdorf und Rheinbach nach Münstereifel, wo der Zubringer auf den Hauptweg von Köln nach Trier trifft.

Am Fahnenmast vor dem Bonner Münster die gelbe Muschel auf blauem Grund: Startpunkt des Jakobweges von Bonn nach Trier.

Das Bonner Sterntor um 1900: Einer der Jakobswege in Richtung Köln und Aachen führte über die Sternstraße, an der auch ein Jakobus-Hospital lag. (Aquarell von Matthias Frickel, 1890, Stadtarchiv Bonn)

Die erste Etappe des Pilgerweges von Bonn nach Gielsdorf wurde von der Pfarrei St. Jakobus am 30.11.2002 eingeweiht, interessanter – weil, wie ich meine – fälschlicherweise mit einer »Fußwallfahrt«: in Prozessionsform mit Vortragekreuz, mit Rosenkranzgebet und Fürbitten auf dem Weg sowie mit kurzen Besinnungen und Pilger- und Wallfahrtsliedern an bestimmten Wegstationen.

Jakobswegspuren

Der Jakobsweg von Bonn nach Trier gehört bestimmt nicht zu den großen und berühmten Jakobswegen. Da aber im Norden Bonns die Sieg in den Rhein mündet, kreuzen sich hier die Straßen, die in Ost/West-Richtung durch das Siegtal und in Nord/Süd-Richtung durch das Rheintal verlaufen, und bilden einen Kreuzungspunkt von Wegen, auf denen nachweislich auch Jakobspilger unterwegs waren. Daran erinnern Fresken aus dem 13. Jahrhundert mit Darstellungen von Pilgerkrönungen z.B. in St. Viktor in Oberbreisig oder in St. Martin in

Hochwassermarke an der Wand des Herrenhauses am Wichelshof mit Jakobus-Relief: Ein großer Pilger geleitet einen kleinen Pilger durch das Rheinhochwasser von 1784. (Zeichnung von Horst Bursch in seinem Buch »Santiago liegt bei Bonn«)

Linz sowie Fresken vom Ende des 15. Jahrhunderts mit Darstellungen des Galgen- bzw. Hühnerwunders in St. Petrus in Herchen an der Sieg und in St. Jakobus in Gielsdorf im Vorgebirge. Dass Pilger auf Höhe der Doppelkirche in Bonn-Schwarzrheindorf und des Wichelshofes in Bonn-Castell den Rheinübergang genutzt haben, dafür spricht eine Hochwassermarke in der Wand des Herrenhauses, die an das Rheinhochwasser im Jahre 1784 erinnert. Auf der stark verwitterten (und leider auch nicht öffentlich zugänglichen) Platte ist ein Jakobus-Relief zusehen. Es zeigt einen großen Mann mit Pilgerstab, der seine schützende Hand über einen kleinen Pilger hält und ihn sicher über den Rhein geleitet.

Der Heilige Jakobus als »pater perigrinorum«, unter dessen Mantel Pilger Schutz finden: Teil eines Pestaltares von 1631 aus St. Laurentius in Bremm an der Mosel, heute im LVR-LandesMuseum in Bonn.

Zwei vom Landschaftsverband Rheinland aufgestellte Info-Stelen geben Auskunft über den Jakobsweg durch Bonn. Eine Stele steht an der Sternstraße, der historischen Nord/Süd-Achse durch Bonn, und zwar am ehemaligen Standort des Sterntores, nördlicher Zu- bzw. Ausgang der Stadt. Diese Positionierung der Stele macht zwar historisch Sinn, weil hier einmal – wie auf der Tafel nachzulesen ist – ein

Jakobus-Hospital gestanden hat, ist aber ohne jeden Bezug zum heutigen, mit Muscheln ausgezeichneten Jakobsweg, der am Münster beginnt.

Im Münster gab es – im Winkel zwischen Ostchor und südlichem Querschiff – eine für das Jahr 1327 belegte Kapelle mit einem dem Heiligen Jakobus geweihten Altar. Sie ist 1689 abgebrannt.

Die zweite Infostele befindet sich vor dem Rheinischen Landesmuseum hinter dem Bahnhof, an dem der Jakobsweg nach Gielsdorf vorbeiführt. Im Landesmuseum wird im Zeitraum »Mittelalter« im Bereich »Kirche« auch das Thema »Pilgern« behandelt.

Die großen Wallfahrtsorte Aachen und Köln bilden die Schwerpunkte und machen deutlich, dass das Rheinland für die Pilger Zielort und Durchgangsgebiet zugleich war. Hier findet sich auch die im deutschsprachigen Raum einzige Darstellung des Heiligen Jakobus als »Pater Peregrinorum«, der den Pilgern unter seinem Mantel Schutz gewährt.

Jakobus-Hospital – Jacobs Weinhaus »Hospitälchen«

Das Jakobus-Hospital für Pilger und Kranke wurde 1454 von den Eheleuten Nikolaus und Gretha gestiftet und stand bis zu seiner Zerstörung im Jahre 1689 in der Sternstraße (heutige Hausnummer 56) nahe beim damaligen Standort des Sterntors. In den Jahren von 1691 bis 1696 wurde – vermutlich mit einer kurfürstlichen Stiftung – ein neues Jakobus-Hospital gebaut und zwar an der Ecke Kesselgasse/Friedrichstraße (heutige Hausnummer 13). Früher hieß die Friedrichstraße Usselsgasse, was evtl. etwas mit den damals dort ansässigen Kerzenmachern zu tun haben könnte.

Sie wurde dann nach der Errichtung des Hospitals 1744 umbenannt in Hospitalgasse und erhielt 1885 den Namen des Kurfürsten (Max) Friedrich. Die heutige Kesselgasse hieß noch bis zum Jahre 1978 Jakobsgasse.

In der Franzosenzeit kam das Hospital an die Stadt. Der »Jacobs Convent« diente als Heim für alte, erwerbsunfähige und verwitwete Frauen und wurde 1865 renoviert. Ein von M. Frickel 1899 gemaltes Aquarell zeigt die neue Fassade in einer Stilmischung aus Neogotik und Neorenaissance. Mit einem Staffelgiebel, bekrönt mit dem Bonner Stadtwappen, flankiert von zwei Fialtürmchen. Im Giebelfeld eine Statue des Heiligen Jakobus als Pilger. Im Türgiebel die neogotische Inschrift:

Fassade des ehemaligen »St. Jacobs-Convent« in der früheren Hospitalgasse (heute Friedrichstraße) um 1900: im Staffelgiebel St. Jakobus mit Pilgerstab, darunter die Inschrift im Türgiebel. (Aquarell von Matthias Frickel, 1899, Stadtarchiv Bonn)

St. Jacobs Convent
Ehemals Stadthospital
Gegründet für arme Kranke und Pilger nach
St: Jago di Compostella,
dann Convent für invalide Männer und Frauen,
seit 1839 ausschliesslich für Frauen und Jungfrauen.
Dieses Haus wurde erbaut 1691 und bei der Erbreiterung
der Hospitalgasse (vormals Usselgasse) erneuert.

A.D. 1865

Die Giebelinschrift vom ehemaligen »St.Jacobs-Convent« im Innenhof der heutigen, städtischen Senioreneinrichtung »St. Jakob und St. Egidius« in der Breitestraße

Nach einem späteren Zusatz zog im Jahre 1889 der »Jakobs Convent« zusammen mit dem bereits 1112 beurkundeten, zum Cassiusstift gehörenden, früher an der Ecke Münsterplatz/Remigiusstraße gelegenen »Aegidius Convent« in die Breitestraße in der neuen Nordstadt. Das Conventsgebäude in der Hospitalgasse wurde 1903 abgebrochen; nach einer anderen Quelle verkauft und erst am Ende des Zweiten Weltkrieges durch Bomben zerstört. Erhalten blieben die Jakobusstatue, allerdings mit abgebrochenem Pilgerstab, und der Türgiebel mit der neogotischen Inschrift). Sie schmücken heute die Hausfassade im Innenhof der städtischen Seniorenbegegnungsstätte »St. Jakob und St. Ägidius« in der Breitestraße.

Schräg gegenüber vom ehemaligen Jakobushospital in der Friedrichstraße eröffnete 1845 der Bäcker und Weinhändler Georg Jacobs einen Weinausschank. Von Johann und Josef Jacobs wurde das Gebäude 1896 renoviert und erhielt die heutige Fassade mit einer Brezel im Giebel. In den kommenden Jahrzehnten erfreute sich das Weinhaus immer größerer Beliebtheit bei den Bonner Bürgern, Professoren und

Die Statue des Heiligen Jakobus vom ehemaligen »St.Jacobs-Convent« an der Fassade der heutigen, städtischen Senioreneinrichtung »St. Jakob und St. Egidius« in der Breite Straße

Studenten. 1930 wurde es von Wilhelm Jacobs übernommen und 1949 wurde das Hinterzimmer vom Architekten Kofferath als historische Weinstube ausgebaut und umgestaltet. Und weil das Weinhaus in der ehemaligen Hospitalgasse lag, wurde es »Hospitälchen« genannt. 1972 endete die Jacobs-Tradition, die Besitzer und Pächter wechselten, aber die Namen »Jacobs Weinhaus« und »Hospitälchen« blieben. Dabei ist es ein reiner Zufall, dass der Familiename »Jacobs« an das alte Jakobus-Spital erinnert.

Das »Weinhaus Jacobs« mit dem »Hospitälchen« in der Friedrichstraße, der früheren Hospitalgasse, wo schräg gegenüber der »St-Jacobs-Convent« stand.

Literaturhinweise

Bursch, Horst und Wiltrud: »Santiago liegt bei Bonn«. Auf den Spuren des Apostels Jakobus im Rheinland. Bonn 2001

Kath. Kirchengemeinde St. Martin (Hrsg): Auf dem Jakobsweg durch Bonn – Infoblatt zum Heiligen Jahr 2010. Text: Winand Kerkhoff. Bonn 2010 (Dazu gibt es auch im Münsterladen einen Pilgerstempel, den Winand Kerkhoff entworfen hat.)

Landschaftsverband Rheinland (Hrsg.): In 13 Etappen von Köln und Bonn über Trier nach Perl/Schengen (Wege der Jakobspilger im Rheinland, Band 2). Köln, Bachem Verlag, 3. aktualisierte Aufl. 2007, 256 S. (mit farbigen topographischen Karten 1:50000)

Wipper, Heinrich: Mit der Muschel am Pilgerhut. In: Bonner Rundschau, Nr. 78, 3. April 1999 (mit einem Abschnitt über die Jakobusverehrung in Bonn)

Stadtbummel durch Bonn

Als Frühjahrsveranstaltung hatte die St.-Jakobus-Bruderschaft Düsseldorf am Samstag, dem 20. März 2010, nach Bonn zu einer Stadtführung eingeladen. In unserem Mitglied Winand Kerkhoff hatten wir einen kompetenten Begleiter durch das historische Bonn gefunden. Schon zu Beginn des Rundganges machte uns Herr Kerkhoff darauf aufmerksam, dass wir nicht enttäuscht sein sollten, wenn von Jakobusspuren nicht so oft die Rede sein würde, wie der von der Redaktion bei der Ankündigung in der Kalebasse Nr. 47 gewählte Titel der Veranstaltung – nämlich »Auf den Spuren des hl. Jakobus in Bonn« – vielleicht erwarten ließe. Denn Bonn lag – im Gegensatz zu Köln – nicht an einer der Hauptrouten von Jakobspilgern. Trotz dieser Vorwarnung

Mit Winand Kerkhoff (ganz links) vor dem Bonner Münster

Einkehr beim »Jacobs Hospitälchen«

kamen aber die Teilnehmer voll auf ihre Kosten. Der Stadtrundgang begann mit einer ausführlichen Besichtigung der Münsterbasilika. Das Münster »St. Martin« ist die katholische Hauptkirche in Bonn und ein Wahrzeichen der Stadt. Es wurde im 11. Jahrhundert als romanische Stiftskirche »St. Cassius und Florentinus« des Cassius-Stiftes erbaut. Um 1065–75 begann man mit dem Bau einer dreischiffigen kreuzförmigen Basilika mit Krypten und zwei Türmen. Nach einem Brand erfolgte ein Neubau, im 12. Jh. der Anbau der Ostapsis, der Osttürme und des Kreuzgangs. Das Münster wurde so eine der schönsten romanischen Kirchen am Rhein. Der großartige Kreuzgang ist einer der bedeutendsten in Deutschland und der einzige weitgehend erhaltene der Hochromanik im Rheinland. Im Inneren des Münsters haben sich von den steinernen Chorstuhlwangen des frühen 13. Jh. die Figuren des schreibenden Engels und des Teufels mit der Schriftrolle erhalten. Beide sind wohl Werke des sog. Samsonmeisters, den wir bereits von den letzten Ausflügen nach Köln (St. Andreas) und Maria Laach (Paradieskapitelle) kennen.

Natürlich gehörte auch der repräsentativste Bau der Stadt Bonn zu unserem Pflichtprogramm: die Kurfürstliche Residenz – das barocke Schloss, dass sich Kurfürst Joseph Clemens um 1700 bauen ließ. Kern der Anlage bildet ein geschlossener Barockbau nach dem Modell italienischer Stadtpaläste. Heute ist die Universität dort untergebracht. Am Koblenzer Tor vorbei führte unser Weg zum Alten Zoll – der sog. Dreikönigenbastion der Bonner Stadtbefestigung am Ufer des Rheins. Herr Kerkhoff berichtete über die am Alten Zoll aufgestellten Kunstwerke, so z. B. über das Ernst-Moritz-Arndt-Denkmal von Bernhard Afinger (1865) und das Heinrich-Heine-Denkmal von Ulrich Rückriem (1982). Der Rückweg führte uns durch das Bonner Stadt- und Einkaufszentrum hin zum »Jacobs-Hospitälchen«. Mit großem Dank an den Bonner Stadtführer Winand Kerkhoff, der uns mit umfassender Sachkunde und engagierter Vermittlung seine Heimatstadt nahe gebracht hatte, beendeten wir dort den Rundgang bei köstlichen Speisen und Getränken.

(Dr. Horst Degen)

2011 Franken

Auf Fränkischen Jakobswegen

von Bamberg über Nürnberg nach Würzburg

28.08.2011 Aufbruch von unserer Wohnung in **Bamberg** in Richtung Süden nach **Willersdorf** – Weiter über **Pinzberg, Kalschreuth** nach **Nürnberg** – Weiter in Richtung Westen über Roßtal, Heilsbronn, Lehrberg, Wachsenberg nach **Rothenburg o.d. Tauber** – Weiter in Richtung Norden über **Steinsfeld, Creglingen, Ochsenfurt** nach **Würzburg:** Ankunft am: **08.09.2011** (Insgesamt: **301 km**) – Rückfahrt mit dem Zug nach Bamberg.

□ »Quo vadis, Viator? (»Kalebasse« 52, S. 67–70, Juli 2012)

◄ Auf dem fränkischen Jakobsweg in der Nähe der Jakobskirche in Hernsdorf »Steine für den Jakobsweg«: von jungen Strafgefangenen aus der JVA Ebrach entworfen, behauen und gesetzt als Wegzeichen.

Quo vadis, Viator?

Jeder, der sich mit dem Jakobsweg beschäftigt, weiß, dass viele Wege (nicht nur nach Rom, sondern auch) nach Santiago de Compostela führen. Und jeder, der auf diesen Wegen unterwegs war, musste immer wieder einmal nach dem Weg fragen. Überraschenderweise stellte sich mir diese Frage diesmal bereits vor dem Aufbruch. Dabei war doch alles klar und seit Monaten fest geplant ...

Wieder einmal Frankreich

Mein Freund Peter und ich wollten im September 2011 den Jakobsweg von Metz nach Dijon gehen und so die letzte Lücke auf unserem Weg durch Frankreich füllen, den wir einmal im Jahre 2000 in Le Puy begonnen hatten und den wir in den Jahren 2001, 2002 und 2008 in Etappen zwischen der deutschen und spanischen Grenze immer wieder einmal gegangen waren. Die Pilgerpässe waren gerade noch rechtzeitig aus Düsseldorf gekommen, der Rucksack so gut wie gepackt, da musste Peter – auch einer von diesen recht aktiven Ruheständlern – aus Termingründen kurzfristig absagen. Einerseits war mir klar, dass der Weg von Metz nach Dijon nicht weglaufen würde und sich auf das nächste Jahr verschieben ließ. Andererseits wollte ich die konsequent frei gehaltenen Wochen nutzen, um nicht aus der Übung zu kommen, und wieder einmal laufen, so weit die Füße (und die Schultern) tragen und die Zeit reichen würde. Frage nur: wo und wohin? Für diese »Quo Vadis«-Frage gab es mehrere Optionen.

Wenn nicht Frankreich, dann Portugal?

Den Caminho Portugues bin ich noch nicht gegangen. Ein Flug nach Porto müsste doch als last minute-Buchung zu bekommen sein und auch die mir zu Verfügung stehende Zeit würde für den Weg bis nach Santiago reichen, aber ...

Schon Anfang 2010 wollte ich nach Portugal, um – analog zu meinen Wegen im Jahre 2003 von Lourdes und im Jahre 2005 von Notre Dame de la Fin de Terres nach Santiago – diesmal von Fatima zu starten und nach 1999 wieder einmal ein Heiliges Jahr in Santiago zu erleben. Ich wollte aber nicht den Küstenweg gehen, sondern – sozusagen parallel zu meinem Weg auf der Via de la Plata im Jahre 2006 – durch die Berge an der spanischen Grenze entlang laufen. Da es zu der Zeit noch nicht den outdoor-Führer »Via Lusitana« gab, bedurfte es einer langwierigen und detaillierten Vorplanung. Die Weg-Etappen waren recherchiert, die Übernachtungsmöglichkeiten eruiert und die Flugtickets lagen bereit, da gab es eine Woche vor Abflug auf einmal alarmierende Symptome und anstatt zum Flughafen ging es in die Klinik zu eingehenden Untersuchungen. Die Ergebnisse waren – Gott sei Dank – beruhigend, aber der Flugtermin vorbei und der Elan im Moment dahin. Trotzdem möchte ich diesen Weg demnächst einmal machen, aber mit einem entsprechenden Vorlauf und ohne Zeitbegrenzung und darum Portugal nicht in diesem sondern – so Gott will – vielleicht im nächsten Jahr …

Wenn nicht Portugal, dann Polen?

Da meine Frau und ich Ende August die Ausstellung »Via regia« in Görlitz besuchen wollten, kam mir der Gedanke, den Rucksack mitzunehmen, mit dem Zug nach Krakow (Krakau) zu fahren und dann vom berühmten polnischen Marienheiligtum Czestochowa (Tschenstochau) den Jakobsweg auf der via regia nach Görlitz zu wandern, aber …

Die 3. Sächsische Landesausstellung »via regia – 800 Jahre Bewegung und Begegnung« in der ehemaligen, zum modernen Museum konvertierten Festung Kaisertrutz in Görlitz wurde faszinierend präsentiert, das Thema auf vier Ebenen weit aufgefächert und das Wegenetz von Kiev (Kiew) bis nach Santiago und Fisterra ausgeweitet. Aber in der ansonsten opulenten Ausstellung spielte das Pilgern nur eine Nebenrolle und der als Pilger-Beispiel genannte Görlitzer Kaufmann Georg Em(m)erich war weder auf der via regia noch auf einem der Jakobswege in Santiago, sondern auf einer »Bußwallfahrt in Jerusalem«. Die gleichzeitig laufende Ausstellung »Über die Grenzen und durch die Zeiten – Pilgern entlang der via regia« in der Nikolaikirche war mehr spirituell ausgerichtet und weniger praktisch informativ. Natürlich gab es Informationen zu dem von Esther Heiße initiierten und seitdem gut eingeführten »Ökumenische Pilgerweg von Görlitz nach Vacha«, aber – was bei der Grenzsituation Görlitz/Zgorzelec im Wortsinn nahe gelegen hätte – keine aktuellen Hinweise z.B. auf Übernachtungsmöglichkeiten auf den Jakobswegen in Polen. Im 2007 erschienenen Führer »Der Jakobsweg – Ein ökumenischer Pilgerpfad (auf der) via regia (durch) Niederschlesien« von Brzeg (Brieg) über Wroclaw (Breslau) nach Zgorzelec/Görlitz finden sich sehr gute Wegbeschreibungen und auch einige Adressen für Übernachtungen. In der Regel handelt es sich dabei um kirchliche, über Pfarrämter vermittelte Einrichtungen, mit der ausdrücklichen Empfehlung, sich unbedingt vorher telefonisch anzumelden. Das schien mir ohne Polnischkenntnisse doch recht riskant. Die Frage nach einem Zimmer könnte zu einem tagtäglichen Problem werden. Ich wollte aber keinen Stress, sondern einfach nur laufen. Wenn also auch nicht Polen, wohin denn dann …

Anstatt Frankreich Franken

Da wir endlich Karten für die Bayreuther Festspiele 2011 bekommen hatten, fuhren wir nach Bamberg, unserem zweiten Wohnsitz, um von da aus die Aufführung der Wagner-Oper »Lohengrin« zu besuchen. In der zwar umstrittenen, aber unbedingt sehens-, auf jeden Fall hörenswerten Neuenfels-Inszenierung wird das »Nie sollst Du mich befragen« als Frage nach dem Ich interpretiert, die sich für jeden immer und überall stellt. Warum also nicht auch auf dem Jakobsweg in Franken …

Der Führer »Jakobswege in Franken – Unterwegs auf alten Pilgerpfaden« lag schon lange bereit, der Wetteraussichten waren für diesen Sommer überraschend gut, der Rucksack musste nur noch geschultert werden und die Vorstellung, wie im Jahre 2004 bei meinem Weg von Bonn (unserem erster Wohnsitz) nach Schengen einfach aus dem Haus und losgehen zu können, entsprach genau meiner momentanen Intention. Da in der Kürze der Zeit kein Pilgerpass zu beschaffen war, habe ich mir schnell selbst einen gemacht und schon konnte ich losgehen.

Auf dem Jakobsweg, der fast an unserer Wohnung vorbeikommt, ging es hinauf auf den Domberg zur Jakobskirche, ein guter Ort für den geistig/geistlichen Aufbruch, wo ich mir auch den Start-Stempel geholt habe. Die gelbe Muschel auf blauem Grund führte dann durch den Bruderwald nach Höfen, über den Distelberg nach Reundorf und weiter nach Herrnsdorf mit einer Besinnungspause in der mit einer Wehrmauer umgebenen, dem Heiligen Jakob geweihten Pfarrkirche. Praktischerweise – da Mittagszeit – gibt es den Pilgerstempel im daneben liegenden Brauereigasthof. Durch eine gute Brotzeit gestärkt weiter zum ehemaligen Zisterzienserinnenkloster in Schlüsselau mit einem beeindruckenden Kreuz aus dem 13. Jahrhundert und hinauf zum Kreuzberg, wo neben der leider verschlossenen Wallfahrtskapelle gleich drei »Keller«, sprich: Biergärten geöffnet hatten. Nach einem frisch gezapften, erfrischendem Kirchweihbier hinunter nach Willers-

Der Jakobsweg von Nürnberg nach Rothenburg ob der Tauber ist der erste markierte Jakobsweg in Deutschland.

dorf, laut Führer die einzige Übernachtungsmöglichkeit nach dieser Tagesetappe. Erfreulicherweise war in dem Landgasthof auch noch ein komfortables Zimmer frei. Und als ich dann draußen auf der Terrasse zur Saisoneröffnung einen »Karpfen natur auf Wurzelgemüse« gegessen und genossen hatte, war ich mir sicher, dass meine Entscheidung »Franken statt Frankreich« richtig und ich auf einem guten Weg war.

Im Großen und Ganzen dem Führer folgend lief ich zunächst in Richtung Süden nach Nürnberg, von dort Richtung Westen nach Rothenburg o.d. Tauber und schließlich Richtung Norden nach Würzburg, von wo ich dann mit dem Zug nach Bonn zurückgefahren bin. Wenn ich davon absehe, dass es zweimal doch ganz ordentlich geregnet hat, dass es manchmal auf baumlosen, asphaltierten Wegen ganz schön heiß war und dass auch in Franken die Zimmersuche nicht immer ganz so einfach war, (weil einige Gasthöfe zwischenzeitlich ganz zugemacht oder gerade wegen Betriebsferien geschlossen hatten), war es insgesamt ein angenehm zu gehender, in Bezug auf Natur und Kultur sehr schöner und abwechselungsreicher und darum empfehlenswerter Weg. Warum also immer in die Ferne schweifen, wo das Gute liegt so nah.

2012 Österreich

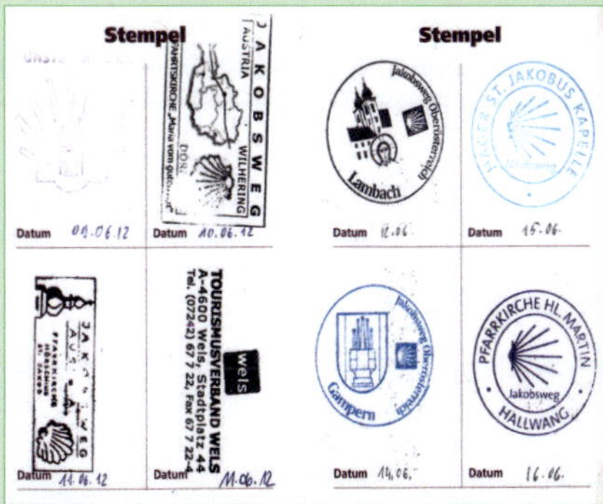

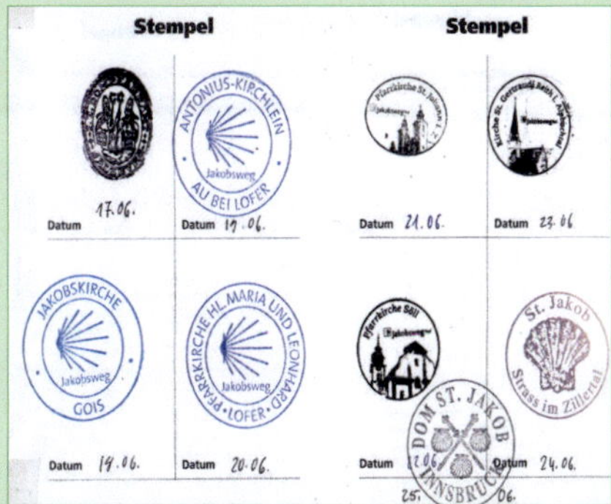

Auf Jakobswegen

von Linz nach Innsbruck

10.06.2012 Aufbruch von **Linz** Richtung Westen über Hörsching nach **Wels** – Weiter über Schwanenstadt nach **Vöcklabruck** – Weiter über Timelkam, Frankenmarkt und Oberhofen zur **Hager Kapelle** und weiter nach **Pfongau** – Weiter über Eugendorf und Hallwang nach **Salzburg** und **Bad Reichenhall** – Weiter über Lofer, St. Johann, Söll, Ellmau, Breitenbach, Rattenberg nach **Jenbach** – Weiter über Terfens und Absam nach **Innsbruck**: Ankunft **26.06.2012** (insgesamt: **359 km**) – Rückfahrt mit dem Zug nach Bonn.

□ »... zu einer Walfarth nach St. Jakob von Compostello verlobt« (»Kalebasse« Nr. 53, S. 67–72, Januar 2013)

◀ Von Linz nach Innsbruck, von der Donau zur Traun und weiter auf dem Tiroler Jakobsweg am Inn entlang: im Hintergrund die »Glasstadt« Rattenberg, überragt vom Turm der Stadtpfarrkirche St. Virgilius.

»… zu einer Walfarth nach St. Jakob von Compestello in Spanien verlobt …«

Nachdem ich im Juni 2012 an der 20. Jahrestagung des Internationalen Arbeitskreises für Kleindenkmalforschung in Grammastetten (Oberösterreich) teilgenommen und einen Vortrag über die Konversion eines deutschen Kriegerdenkmals zu einem europäischen Friedensdenkmal gehalten hatte, bot es sich an, in diesem Jahr ein Stück Jakobsweg durch Österreich zu gehen.

Der Weg

Von Linz nach Innsbruck: ca. 350 Kilometer an Traun, Salzach und Inn entlang, durch die Bundesländer Oberösterreich, Salzburg und Tirol. Insgesamt gut ausgeschildert und gut zu gehen. Vom 10. bis zum 26. Juni unterwegs. Zunächst auf endlos langen, flachen Dammwegen und regenfeuchten Laubengängen am Ufer der breit aufgestauten, trägen Traun. Dann nach Salzburg die Querung über Bergwiesen und durch Talwälder mit ihrem sonnenwarmen Duft nach Heu und Harz hinüber zum Inn. Im Inntal dann das ständige Hinüber und Herüber über den schnell fließenden, in klammartigen Engpässen laut tosenden Inn und das ständige Auf und Ab an den Hängen mit durchaus anstrengenden Serpentinenwegen hinauf und hinunter zwischen 300 und 900 Metern Höhe. Und immer am Horizont die Gipfel der schneebedeckten Alpen unter tief blauem Himmel. Am Anfang bei feinem, allmählich durchweichenden Dauernieselregen und auch am Ende im Regen auf Innsbruck zu. Dazwischen heißer Hoch(sonnen)sommer mit Temperaturen bis zu mehr als 35 Grad. Übernachtungsmöglichkeiten längst nicht (mehr) in allen Dörfern und darum so manche Überstunde und so mancher Kilometer mehr. Zimmer in der Regel in Gasthöfen und Pensionen. Mit Preisen zwischen 12,80 Euro in der Jugendherberge in Wels oder 15,00 Euro in der Pilgerherberge Haus Jakob in Söll und – im Vergleich dazu schon fast »sündhaft teuer« – 49,00 Euro im Haus der Barmherzigen Schwestern in Innsbruck oder 59,00 Euro

Die Hagerkapelle am österreichischen Jakobsweg (ca. 30 km vor Salzburg)

für ein winziges Zimmer, dafür aber in einem historischen Haus in einer Seitengasse vom Dom in Salzburg.

Vom Weg ein paar spontan erinnerte Erlebnisse und Eindrücke (ohne Anspruch auf Vollständigkeit): die an Bruegel erinnernde »Gampener Hölle«, eine dramatische Darstellung des Jüngsten Gerichts auf der Rückseite des gotischen Flügelalters in der Pfarrkirche in Gampern, oder die überraschend farbkräftigen, romanischen Fresken im ehemaligen Westchor der Kirche des Benediktiner Stiftes in Lambach. Der festliche Sonntagsgottesdienst in der Wallfahrtkirche Maria Plain und – mit dem Orgelnachspiel im Ohr – der immer wieder beeindruckende Blick hinunter auf Salzburg. Die Flucht durch das Hagelgewitter über den nächtlichen Friedhof zusammen mit dem Pfarrer von Söll und das sich daran anschließende Gespräch bei einem Glas Rotwein im Pfarrhaus. Europameisterschaftsfußball beim Public Viewing in einem Biergarten in Bad Reichenhall bei köstlichem Schweinebraten mit Weißbier und der warme Apfelstrudel mit Vanilleeis im Cafe »Freudenschuss« in der historischen Altstadt von Rattenberg.

Der stille Aufstieg vorbei an den modernen, minimalistisch gestalteten Stationen des Kreuzweges zum Kloster Georgenberg, dem wohl ältesten Kloster in Tirol. Und natürlich die zwei einzigen Begegnungen unterwegs. Am zweiten Tag: ein winziger Punkt in der Ferne, der allmählich Gestalt annahm, die mir entgegenkam, sich dann als Schweizer vorstellte und mir lakonisch mitteilte, dass er von Bern käme und nach Budapest wolle, und wieder in der Tiefe verschwand. Die letzten beiden Tage zusammen mit einer Pilgerin aus Singen, die in Passau gestartet war, sich in den Inntalweg eingefädelt hatte und ebenfalls nach Innsbruck wollte, wo wir dann im Dom dem Einspielen für ein Orgelkonzert gelauscht und anschließend beim Abschiedsessen im Gasthof »Goldenes Dachel« Käsespätzle und danach Kaiserschmarren mit grünen Veltliner schwesterlich/brüderlich geteilt haben.

Unbedingt erinnerungs- und darum berichtenswert:

Die Hagerkapelle

Auf dem Weg von Oberhofen am Irrsee nach Pfongau liegt unterhalb von zwei Bauernhöfen in einer Senke eine Kapelle. Auf den ersten Blick nichts Besonderes: auf ca. drei mal zwei Meter ein Bau mit verschindelten Seitenwänden. Darüber ca. drei Meter hoch ein Walmdach mit einem Kleeblattkreuz. Darunter die Tafel »Hager Kapelle«: Durch die geöffnete Flügeltür geht der Blick vorbei an zwei seitlich aufgestellten Bänken auf die Altarnische: auf der Stipes eine naive Darstellung von Armen Seelen im Fegefeuer. Davor eine Lourdes-Madonna, Kerzen u. a. mit Dürers »Betenden Händen« und zwischen verstaubten Kunstblumen ein kleiner Strauß mit frisch gepflückten Butterblumen. Über dem Altar ein Holzrelief mit einem in einer Grube knienden Bauern und ein weiteres Relief mit einem Heiligen Jakobus als Pilger. Davor in das schmiedeeiserne Gitter gehängt ein Jakobsmuschel. Also bin ich in einer, aber bei weitem nicht in der einzigen, dem Heiligen Jakobus geweihten Kapelle. Im Hinausgehen fällt mein Blick auf eine Holztafel mit ziemlich viel Text. Flüchtig beginne ich zu lesen, überfliege die eng geschriebenen Zeilen, beginne noch einmal von vorn und lese mit wachsender Neugier die

Gedenk Tafel an Jakob Hager ano 1738

Hinter dieser Kapelle auf dieser Seite befindet sich eine verwachsene Grube, aus der man einst um das Jahr 1738 zur Düngung der Äcker den fruchtbringenden Mergel herausholte. Hier ergab sich mit weiland Jakob Hager nachstehende Geschichte. Da diese Grube durch

Die Hagerkapelle außen und innen

das vielfältige Graben nach und nach tiefer ward, so wurde es gefährlich zu arbeiten und es geschah eines Tages, dass, als Jakob Hager mit seinen Knechten daselbst arbeitet, die Grube einfiel und den Hager verschüttete. Es war gegen 11 Uhr Mittag. Den ganzen Nachmittag sind wir nicht im Stande, den Hager abzuräumen, sagten die Knechte. Hiermit gingen sie zum Mittagessen. Und als sie dann den ganzen halben Tag gearbeitet hatten, hörten sie den Hager rufen: Hauet nicht so stark, auf dass ihr mir nicht wehe tut. Und sie brachten ihn glücklich heraus. Da hob Hager Hände und Augen gegen Himmel, lobte und dankte Gott und sagte: Während des Grabeneinsturzes habe ich mich zu einer Walfarth nach St. Jakob von Compestello in Spanien verlobt und durch die Fürbitte des hl. Jakob hat mich Gott aus der Gefahr des Todes errettet. Er sah sich um ein Pilgerkleid und ging hin zu seiner Pfarrkirche Köstendorf. Da wurde ihm der Seelengottesdienst samt der Virgil gehalten, auch das Sterbeglöckchen geläutet, weil man glaubte, ihn das letzte Mal zu sehen. Als er unweit St. Jakob anlangte, sah er einen Mann. Der einen Zaun besorgte. Dieser, da er ihn erblickte, rief ihm zu: Grüß Dich Gott, Hager! Wie kommst Du so weit daher?

Und Hager erzählte ihm die Ursache seiner Reise. Nun sagte er zu dem Manne: Lieber Mann, wie kennst Du mich, da Du mir so unbekannt bist? Lieber Hager hast Du nicht vor vierzig Jahren einen Knaben im Dienst gehabt? Dieser, als er mit Dir einen Baum abgeästet, hat dir die Hacke herausgesprengt und du hast ihn beim Kopfe gebeutelt. Er aber nahm die Flucht und lief samt der Hacke davon. Auf dieses erwiderte der Hager: Ja so ist es gewesen. Ich kann es nicht leugnen. Nun aber fuhr der Mann fort: Der Knabe, den du beim Schopfe genommen, der bin ich gewesen. Wenn Du nach Hause kommst, so blicke in den hohlen Eichenbaum, der hinter deinem Hause steht, dort habe ich die Hacke hineingesteckt. Sie muss sich noch darin finden. Hierauf ging er mit dem Hager in die Stadt und zeigte ihm alle Merkwürdigkeiten derselben und führte ihn hin in die berühmte Wallfahrtskirche, wo die Gebeine des hl. Jakob ruhen. Hager verrichtete dort sein Gebet und sage Gott Lob und Dank. Er hielt sich einige Tage zu St. Jakob auf und nachdem er alles verrichtet, wie er es versprochen, kehrte er wieder in seine Heimat zurück. Er aber ging hinein in seine Pfarrkirche, verrichtete ein kurzes Dankgebet und begab sich zu den Seinigen nach Hause. Als er zu dem Eichbaum kam, denkt er auf die Hacke und er langte in den hohlen Baum und zieht richtig die Hacke mit der Scharte heraus. Und nun trat er in sein Haus hinein und sprach: Gott grüß euch alle beisammen. Und da ihn sein Weib sah, fing sie vor Freude an zu Weinen und Hager weinte auch mit und sprach: So wie mich der liebe Gott aus der Grube gerettet hat, so hat er mich auf der Reise glücklich hin und her geführt. So lange wir leben, wollen wir ihm dafür dankbar sein. Gelobt sei Jesus Christus.

Nach dem Urtext erneuert 1972
Mathias Klauß Wimerbauer am Irsberg

Als ich dann aus der Kapelle wieder heraustrat und mein Blick von der Kapelle hinauf wanderte zu einem der beiden Bauernhöfe und weiter an dem Schild mit der Jakobsmuschel vorbei aus dem Tal hinaus – erst da wurde mir klar: Da hat sich in der höchsten Not der Jakob Hager »zu einer Walfarth nach St. Jakob von Compestello in Spanien verlobt«; ist dann vor genau 274 Jahren aus diesem Tal wirklich aufgebrochen und bis nach Santiago gepilgert; glücklich wieder heimgekehrt, hat dann 1744 aus Dankbarkeit hier eine Kapelle erbaut und auf einer Tafel die Geschichte seiner Pilgerschaft aufgeschrieben. Diese ausführliche, authentische und darum außergewöhnlichen Pilgergeschichte hätte ich nie erfahren, wäre sie nicht »nach dem Urtext 1972 erneuert« und in die nach 250 Jahren 1994 neu errichteten Hagerkapelle zum heiligen Jakob wieder aufgehängt worden. Mit dem guten Gefühl, einer von denen zu sein, die vor und nach dem Jakob Hager sich auf den Weg gemacht hatten und haben, bin ich dann weitergewandert – wenn diesmal auch nicht zur Kathedrale in Santiago, so doch zumindest zum Jakobus-Dom in Innsbruck.

Literaturhinweis:

Lindenthal, Peter: Auf dem Jakobsweg durch Österreich. Innsbruck, Tyrolia-Verlag, 1999, 6. Aufl. 2006

2013 Österreich / Schweiz

Auf Jakobswegen von Innsbruck nach Einsiedeln

17.08.2013 Aufbruch von **Innsbruck** und Fortsetzung der Wanderung durch Österreich Richtung Westen bis in die Schweiz – Von Unterperfuss über Inzing nach Stams – Weiter über Haiming, Karres und Karrösten nach **Imst** – Weiter über Imsterberg, Schönwies, Kronburg, Zams, Stanz nach **Grins** – Weiter von Flirsch nach **St. Jakob** und **St. Anton** – Zum **Arlberg** hinauf nach **St. Christoph** – Weiter über Stuben, Langen, Braz nach Bludenz – Weiter über Nüziders, Röns, Salteis nach **Rankweil / Feldkirch** – Über den Rhein weiter in der Schweiz über Hirschensprung, Freienbach, Neuenalp, Eggenstanden und Steinegg nach **Appenzell** – Weiter über Ganten und Jakobsbad nach **Urnäsch** – Weiter über Tüfenbach und St. Peterzell nach **Wattwil** – Weiter über St. Gallenkappel und Neuhaus, Eschenbach nach **Rapperswil** am **Zürichsee** und über den Steg nach **Pfäffikon** – Weiter über Lützelhof, Feusisberg, Schindellegi über den Etzelkulm nach **Einsiedeln**: Ankunft: **29.08.2013** (insgesamt: **286 km**) – Rückreise mit dem Zug nach Bonn.

- »Höhepunkt – Auf dem Jakobsweg von Innsbruck nach Einsiedeln« (»Kalebasse«, Nr. 57, S. 21–37, Januar 2015)
- Jakobus Major-Marginalien: »Jakobus Major als Santon«, »Das Jesuskind als Erdenpilger« und »Jakobus Major als Gasthausgast« (»Kalebasse«, Nr. 57, S. 60–67, Januar 2015)

◄ Beim Aufstieg nach St. Christoph am Arlbergpass der Maiensee auf einer Höhe von 1865 Metern: Der höchste Punkt auf dem österreichischen Jakobsweg von Tschechien bis in die Schweiz – auch der höchste Punkt auf allen europäischen Jakobswegen?

Höhepunkt

Auf dem Jakobsweg von Innsbruck nach Einsiedeln

Im Sommer 2012 hatte ich die erste Etappe auf meinen Jakobsweg durch Österreich in Linz begonnen und in Innsbruck beendet. In der zweiten Hälfte August 2013 habe ich diesen Weg fortgesetzt mit der zweiten Etappe vom Dom St. Jakobus in Innsbruck bis zum Kloster Maria Einsiedeln in der Schweiz. Immer gen Westen: zunächst auf dem »Jakobsweg Tirol« durch das Inntal, weiter auf dem »Arlberger Weg« hinauf zum Arlbergpass und auf dem »Walgauer Weg« hinunter ins Rheintal, auf der »Via Jacobi 44« hinauf in das Appenzeller Land und hinunter zum Zürichsee und schließlich auf der »Via Jacobi 4«,

Aufbruch zur zweiten Etappe auf dem österreichischen Jakobsweg vom Dom St. Jakob in Innsbruck

Der »Jakobsweg Tirol« führt durch das Inntal Richtung Arlberg: an den Seitenhängen immer auf und ab und ständig begleitet von einem beeindruckenden Alpenpanorama

der Fortsetzung des aus Deutschland kommenden »Schwabenweges«, hinauf zum Etzelkulm und wieder hinunter zum Kloster Maria Einsiedeln. In zwölf Wandertagen insgesamt ca. 280 km. Auf dem durchgehend und in der Regel auf Sichtweite sehr gut ausgeschildertem Weg geleitet von zwei kostenlosen, kleinen, aber kompakt informativen Heften: »Jakobsweg Tirol – Auf dem Jakobsweg unterwegs durch Tirol« (Projektpartner: Regionalmanagements in Tirol, Tourismusverbände Tirol, Tirol Werbung; Jakobsgemeinschaft Tirol, Diözesen Innsbruck und Salzburg, Regio-Tech GmbH, Hochfilzen, 100 Seiten, o. J.) und »Spirituelles Wandern auf dem Jakobsweg Landeck – Einsiedeln« (Projektmanagement Jakobsweg Tirol/Vorarlberg Tourismus, Appenzeller Land Tourismus usw., 35 Seiten, o. J.). Mit diesen Wegbeschilderungen und Wegbeschreibungen (allerdings ohne Unterkunftshinweise) erübrigte sich fast der bereits im Vorjahr erworbene Outdoor-Führer von Reinhardt Dippelreiter »Österreich: Jakobsweg«, erweitert mit drei Jakobsweg-Varianten bis nach Einsiedeln (Conrad Stein Verlag, Welver 2010).

Der Verlauf des »Spirituellen Jakobweges« von Landeck durch Tirol, Vorarlberg und Appenzell bis zum Zürichsee und weiter nach Einsiedeln

Weg und Erlebnis

Die Wege ließen sich gut laufen: fast keine Straßen, in der Regel geschotterte bzw. asphaltierte Wirtschaftswege, aber auch weiche Wald- und manchmal feuchte Wiesenwege, schmale Uferstege und steile Bergpfade. Insgesamt eine angenehme, aber auch anstrengende Berg- und Tal-Wanderung, bei der es in einem tagtäglichen Auf und Ab auf der 280 Kilometer langen Strecke 9510 Höhenmetern rauf und 9230 Höhenmeter runter ging. Bis auf zwei Regentage gab es von Anfang bis Ende schönstes Hochsommerwetter mit Temperaturen von über 35 Grad in der Mittagszeit, aber auch von unter 15 Grad an manchem Morgen und Abend. Mit einer strahlenden, manchmal auch brennenden Sonne und mit weißen Kumuluswolken am blauem Himmel. Und auf dem ganzen Weg und den ganzen Tag am Horizont – von

der Zugspitze bis zum Säntis – das gewaltige Alpenpanorama, so monumental, dass es sich bei der Schrittgeschwindigkeit nur wie in einer Zeitlupenaufnahme fast unmerklich im Laufe eines Tages ganz allmählich veränderte.

Zwischen den links und rechts aufragenden Bergmassiven in mal breiten, mal engen Tälern eine Voralpenlandschaft. Im Inntal und am Zürichsee dicht besiedelt und durch Straßen und Schienen strukturiert. Ansonsten soweit der Blick reicht grüne Wiesen und Wälder, in der Mittagshitze der Duft von Heu oder von Ginster, das Angelusläuten am Morgen, Mittag und Abend und tagsüber mal nah mal fern das Geläut der Kuhglocken. Und fast immer und überall treu zur Seite das Wasser: der schnell strömende, über Stromschnellen hinrauschende Inn, der träge fließende, kanalisierte Rhein, das tosende Wasser in der Rosannaschlucht, die in Tirol als Tobel bezeichneten, munter zu Tale plätschernden Bergbäche, Grau in Grau, bleiern und grenzenlos der Zürichsee.

Die Wege führen durch schmucke Dörfer, wo in der Regel geöffnete Kirchen und gemütliche Gasthöfe – im doppelten Wortsinn – zur Einkehr einladen

Die gastronomische Versorgung war insgesamt sehr gut: In jedem Dorf fand sich zumindest ein Gasthof und zum Abendessen gab es regionale und jahreszeitliche Spezialitäten: von frischen Schwammerln mit Semmelknödel bis zum feinen Züricher Geschnetzeltem mit Rösti, vom deftigen Tiroler Geröstl bis zum Appenzeller direkt aus der Käserei. Alles sehr lecker, aber in der Schweiz – nicht nur für Pilger – ganz schön teuer. Das Übernachten war nicht immer ganz so einfach. Schon am ersten Abend in Kehman hatte der »Alte Wirt« wegen Renovierung geschlossen, war die Pension voll, so dass ich in der Dunkelheit bis nach Unterperfuss weiterlaufen musste, wo ich im Rasthof »Inntal« noch ein Zimmer und auch noch etwas zu essen bekommen habe. Was Komfort und Preis angeht, gab es sehr große Unterschiede: gewöhnungsbedürftig, aber urgemütlich war das Nachtlager im Stroh auf dem Bauernhof oberhalb von Pfäffikon, außergewöhnlich die Unterkunft im Nobelhotel in St. Christoph (mehr darüber später). Bei den weiteren Übernachtungen lagen die Preise für das Einzelzimmer zwi-

Das Zisterzienser-Stift Stams in Tirol: Mittelpunkt der weitläufigen Klosteranlage ist die mit barocker Pracht ausgestaltete Maria Himmelfahrt-Kirche

schen 28,00 Euro in der Pension »Bergfrieden« in Grins (Österreich) und 95,00 Euro im Hotel »Zum Löwen« in Wattwil (Schweiz). In der letzten Nacht in Einsiedeln ein letzter und wieder einmal vergeblicher Versuch, in einem Kloster zu nächtigen. Aber in der Pilgerherberge im »Haus zum Webstuhl« habe ich dann noch ein Bett gefunden und ganz zum Schluss meiner Wanderung auch die ersten zwei Jakobspilger getroffen: mit Sepp aus Dingolfing, der auf dem »Schwabenweg« in Konstanz gestartet war, und Inge aus Hamburg, die von hieraus bis nach Le Puy laufen will, sowie dem Herbergsvater Joscha gab es dann viel zu erzählen, sodass wir fast gar kein Bett gebraucht hätten.

Über dem südöstlichen Ufer des Zürichsees erhebt sich die historische Altstadt von Rapperswil mit der Schlossanlage Herrenberg und der Stadtpfarrkirche St. Johannes

Ansonsten war ich auf dem ganzen Weg mit mir allein unterwegs, immer wieder einmal überholt von Radfahrern und hin wieder begleitet von ein paar Paddlern auf dem Inn. Die Kommunikation beschränkte sich damit mehr oder weniger auf das Grüßen der entgegenkommenden Passanten und der auf dem Hof arbeitenden Bauern sowie auf die alltäglichen Kurzdialoge beim Einkaufen, bei der Zimmersuche und bei der Bestellung im Gasthof. Es gab also viel Zeit, allen möglichen Gedanken nachzu»gehen«. Und es gab natürlich viel zu sehen: die vielen, gut gestalteten Tafeln mit lokalen Informationen zum Jakobsweg, die Kapellen und Kleindenkmäler am Wege, die schmucken Bauerhöfe

Der Weg von Rapperswil auf dem schon im Mittelalter bestehenden, 2001 wiedererrichteten, 850 Meter langen Holzsteg über den Zürichsee ist nicht nur eine angenehme Abkürzung nach Pfäffikon, sondern auch ein emotionales Erlebnis.

und -gärten, durch die in der Schweiz die Jakobswege häufig mitten hindurchführen, und die hoch über dem Tal aufragenden Burg(ruin)en. In den Dörfern die zumeist barocken Kirchen, umstanden von den schmiedeeisernen Grabkreuzen auf den gepflegten Friedhöfen, und die alten Häuser mit ihren bunten Lüftelmalereifassaden, die Geschichten und Legenden erzählen und so manchen Sinnspruch einem mit auf den Weg geben. An den Ortsrändern aber auch Wohnhäuser mit einer für den ländlichlieblichen Raum überraschend modernen, ästhetisch schönen Architektur. Ein Beweis dafür, dass diese Dörfer nicht nur eine Tradition, sondern auch eine Zukunft haben.

Am Ziel: Kloster Maria Einsiedeln, seit Jahrhunderten eine bedeutende (Zwischen)Station auf den Pilgerwegen nach Rom und nach Santiago de Compostela

Zwischendurch die im Wortsinn besonders attraktiven Sehenswürdigkeiten und beeindruckenden Erlebnisse. Bereits zu Anfang der fast schon obligatorische Antrittsbesuch beim Heiligen Jakobus im Dom zu Innsbruck. Die geistliche Abendmusik in der festlich ausgeleuchteten Stiftskirche in Stams. Der Aufstieg bei einem Gewitter zur burgähnlichen Wallfahrtsbasilika hoch oben auf dem Liebfrauenberg in Rankweil. Der Kaiserschmarren mit frischem Pflaumenkompott auf einer Sonnenterrasse mitten im bunten und belebten Appenzell und danach – im merkwürdigen Kontrast – das verlassen wirkende Kloster Jakobsbad. Der Gang durch die historische Altstadt von Rapperswil, von der

Schlossanlage hinunter durch die duftenden Rosengärten zur Uferpromenade. Das Gefühl auf dem Wasser gehen zu können auf dem 850 Meter langen, 2001 rekonstruierten Holzsteg über den Zürichsee nach Pfäffikon. Die besinnliche Pause erst in und dann vor der kleinen Kapelle St. Meinrad neben dem leider geschlossenen Pilgergasthof auf dem Etzelkulm und danach die Gedenkminute am Geburtshaus von Paracelsus an der Teufelsbrücke. Und schließlich und endlich das Kloster Maria Einsiedeln. Nach dem langen Weg auf den ersten Blick enttäuschend, weil die prächtige Barockfassade verstellt wurde durch riesige Tribünen für die Aufführung von Calderons »Welttheater«, die dann auch der Grund war, dass es in der Klosterherberge für Pilger keinen Platz gab. Um so beeindruckender dann der Gang durch den weiten und hohen, prächtig ausgestalteten Innenraum und die Teilnahme an der von mehr als zwanzig Mönchen gesungenen Vesper, die in der – zur Verehrung der Schwarzen Madonna mitten in der Basilika errichteten – Gnadenkapelle mit dem vor tausend Jahren auf der Reichenau entstandenen und nur hier in Einsiedeln fünfstimmig gesungenen »Salve Regina« ihren einzigartigen Abschluss fand.

Höhepunkt und Hochgenuss

Der diesjährige Jakobsweg erreichte seinen Höhepunkt in des Wortes doppelter Bedeutung beim Aufstieg am Arlberg: von St. Anton auf einer Höhe von 1280 Metern hinauf nach St. Christoph auf eine Höhe von 1793 Metern, auf gerade einmal 6 Kilometern 720 Meter hinauf und 260 Meter hinunter, mit dem höchsten Punkt am Mariensee auf 1865 Metern. Ein guter Grund aus meinem Tagebuch etwas ausführlicher zu berichten.

Am Abend vorher hatte ich – von Grins kommend – nach 26 Kilometern St. Jakob erreicht und mir die spätbarocke Jakobskirche angesehen. Im Eingang eine stattliche Jakobusfigur und an der Außenfassade ein riesiger Christopherus, zwei gute Wegbegleiter für den vor mir liegenden Aufstieg. Dann bin ich noch nach St. Anton hineingelaufen und habe im Vorbeigehen in die gleichnamige Pfarrkirche hineingeschaut: drinnen ein Jakobusfenster mit einer Abbildung vom »Schloss Lupa in Spanien« und ein Christophorusfenster mit der Abbildung vom ehemaligen »Hospiz auf dem Arlbergpass«, meinem morgigen Ziel. Da die Herberge neben der Kirche geschlossen war, vermittelte mir die Touristeninformation ein Zimmer für 30,00 Euro in der Kirchgasse. Auf der Terrasse der »Fuhrmann-Stuben« habe ich mir erst ein Weißbier gegen den Durst und danach zum Abendessen

Der Heilige Christophorus auf der Fassade der Kirche St. Jakob im gleichnamigen Vorort von St. Anton versteht sich als ein »Wegweiser« nach St. Christoph auf dem Arlbergpass

eine geräucherte Forelle mit einem grünen Veltliner servieren lassen. Dann wurde es dunkel und kalt und Zeit zum Schlafen.

Am nächsten Morgen bin ich von der Jakobsmuschel vor der Kirche losgegangen, durch den noch menschenleeren Ort hindurch, zur Rosannaschlucht. Noch ist es recht frisch, der Himmel ganz blau und die Sonne verspricht einen schönen, erst warmen, dann wohl sehr heißen Tag. Der Weg führt an der Rosanna entlang, die mit überraschend viel Wasser laut zu Tale und mir entgegenrauscht. Während der Weg allmählich ansteigt, verengt sich die Schlucht. Schilder warnen vorsichtshalber vor »Wasserschwall« und »Steinschlag« und sind

Der Weg von St. Anton zum Arlbergpass geht durch die wildromantische Rosannaschlucht, verengt sich zum Bergpfad, der am Hang entlang steil aufsteigt bis zur Stiegenegg-Kapelle.

im Frühjahr durchaus ernst zu nehmen. Der Schotterweg wird immer schmaler und steiler, wird zu einem parallel zur Wand hinaufführenden Bergpfad: es geht über glitschige Baumwurzeln, unregelmäßige Steinstufen und kleine Stege, die mit Stahlseilen gesichert sind, weil nun der Hang steil abfällt, tief hinunter in die Schlucht. Die Rossana wird immer kleiner und immer leiser, bis sie in der Tiefe ganz verschwunden ist. Mit den Höhenmetern steigen auch die Temperaturen, aber noch ist es im Schatten der Bäume angenehm kühl. An der 10. Station eines aus dem Tal heraufkommenden Kreuzweges quere ich die Straße, auf der man ganz bequem mit dem Bus zum Arlbergpass hinauffahren könnte. Oberhalb liegt die Stiegenegg-Kapelle, wo ich eine Pause einlege, um mich von der ersten Etappe des Anstiegs auszuruhen, und esse die restliche Hälfte von dem riesigen Schnitzel, das ich im Gasthof in Grins zum Abendessen bekommen und das die Wirtin – weil es einfach nicht zu schaffen war – freundlicherweise eingepackt und mir mitgegeben hatte. Dazu erfrischend kaltes Wasser aus dem Brunnen.

Ein schmaler Holzsteg führt über feuchte Almwiesen zum Maiensee. Mit einer Höhe von 1865 Metern ist er der höchste Punkt auf dem österreichischen Jakobsweg von Tschechien bis in die Schweiz

Dann starte ich zur zweiten Etappe, verlasse den Wald und damit leider auch den Schatten. Die Mittagssonne steht hoch und brennt, bringt das Heidekraut zum Duften und mich zum Schwitzen. In kurzen Serpentinen geht es immer weiter nach oben, mal über in den Fels gehauene Treppen, mal auf Plattenwegen und Holzstegen über sumpfige Wiesen. Nach der letzten Serpentine der Blick um die Ecke und da lag er vor mir, umgeben von hellgrünen Schilf, dunkelblau und in der Sonne glänzend: der Maiensee. Am Ufer drei wunderbar geschwungene, weit ausladende und einladende Liege/Stühle, von denen einer noch frei war. Mit dem Wohlgefühl, es geschafft zu haben, aber durchaus auch geschafft habe ich es mir bequem gemacht: Erst habe ich den Blick schweifen und wieder einmal das so beeindruckende Alpenpanorama in aller Ruhe auf mich wirken lassen. Dann habe ich die Augen geschlossen und habe ganz entspannt das Gefühl genossen, nach vier Stunden Aufstieg mit der Höhe von 1865 Metern den höchsten Punkt meines Weges erreicht zu haben.

Auf der Passhöhe liegen die St. Christophorus-Kapelle und das Arlberg-Hospiz-Hotel, wo auch heute noch Jakobspilgern eine preiswerte Unterkunft mit Fünf-Sterne-Komfort geboten wird.

Ich fühlte mich so wohl, dass ich mich spontan entschloss, heute nicht mehr weiter zu wandern, sondern nur noch nach St. Christoph hinunter zu gehen und dort über Nacht zu bleiben. Und natürlich wollte ich auch ausprobieren, ob – wie es in meinem Outdoor-Führer steht – »für Jakobspilger die dortige Luxusherberge (zu annehmbaren Pilgerpreisen) ihre Pforten öffnet«.

Das heutige »Arlberg Hospiz Hotel« mit fünf Sternen geht zurück auf das 1386 von Heinrich Findelkind als Unterkunft für die über den Arlberg Reisenden gegründete Hospiz, das seit Ende des 19. Jahrhunderts als Gasthof für Touristen bewirtschaftet und nach einem Brand im Jahre 1957 als eine »Nobelherberge« wiederaufgebaut worden ist, deren heutige Besitzer sich aber der Jahrhunderte langen Hospiz-Tradition weiterhin verpflichtet fühlen. So wurde ich von der Dame am Empfang freundlich begrüßt. Sie schaute sich meinen Pilgerpass an, kopierte ihn und bot mir dann ein Komfortzimmer an, einschließlich Abendmenü und Frühstücksbuffet zum Preis von 35,00 Euro. Ich solle

Das Christophorus-Fenster in der Kirche St. Anton erinnert an das ehemaligen »HOSPIZ ST. CHRISTOPH a. ARLBEG« und an die gleichnamige Bruderschaft.

mich »bitte als Gast des Hauses fühlen« und um 19.00 Uhr ins Restaurant kommen, weil es heute Abend für eine Gruppe von französischen Gästen ein Gala-Menü geben würde, »zu dem ich herzlich eingeladen wäre«. Nachdem ich das wirklich äußerst komfortable Zimmer bezogen und vor allem das wunderbare Wannenbad genossen hatte, bin ich in die Kapelle gegangen und habe aus der dort ausliegenden Broschüre einiges über »Die Bruderschaft St. Christoph am Arlberg« erfahren.

Die »Bruderschaft St. Christoph am Arlberg« wurde bereits 1386 von Heinrich Findelkind zur Finanzierung des Hospizes und der Kapelle gegründet und unter Kaiser Josef II. säkularisiert. Nach dem durch den Bau des Eisenbahntunnels im Jahre 1884 ausgelösten Niedergang des Hospizes geriet die Bruderschaft in Vergessenheit und ist im Zusammenhang mit dem Wiederaufbau der Kapelle 1961 wieder gegründet worden.

Sie hat zu Zeit fast 20000 Mitglieder, die in Fortsetzung der Hospiztradition heute mit ihren Beiträgen karitative und soziale Leistun-

In der kleinen St. Christophorus-Kapelle steht eine 3,80 Meter große Skulptur des Heiligen, der seit mehr als 600 Jahren der Patron des Hospizes und der »Bruderschaft St. Christoph am Arlberg« ist

gen finanzieren und vor allem in Not geratenen Familien mit Kindern helfen.

Die St. Christophorus-Kapelle war 1393 von Heinrich Findelkind neben dem Hospiz erbaut und beim Brand 1957 mit dem Hotel bis auf die Grundmauern zerstört worden. Sie wurde 1961 von der Bruderschaft wieder aufgebaut, ist heute in den Hotelkomplex integriert und damit sozusagen die »Hauskapelle« sowohl des Hotels als auch der Bruderschaft. Ein Zeichen für diese Verbundenheit ist auch die in der Kapelle aufgestellte, überlebensgroße Statue des Heiligen Christophorus: Der Hotelbesitzer hatte sie von einem Bildhauer aus dem Grödental schnitzen und 1959 in der neuen Hotelhalle aufstellen lassen. Auf den Hinweis des Kaplans, der Christophorus würde doch wohl (noch) besser in die Kapelle passen, reagierte der Besitzer mit der lakonischen Bemerkung, dass er sie hergeben würde, wenn man sie hineinbekäme. Natürlich passte die 3,80 Meter hohe Holzskulptur durch keine Tür. Da ließ der Kaplan »in einer Blitzaktion in der Sakristei einen Mauerdurchbruch machen« und seitdem steht der Heilige Christophorus in der Kapelle: als »Patron der Bruderschaft und aller Menschen, die unterwegs sind – auf der Suche nach dem Sinn des Lebens Gott und den Menschen dienen«.

In der Zwischenzeit war es 19:00 Uhr geworden und damit Zeit für meine Einladung zum Gala-Menü. Am Eingang zum Gourmetrestaurant wurde ein Kir Royal serviert, der Seniorchef begrüßte äußerst eloquent und charmant die französischen Gäste und zum Schluss – nach der alten Public Relations-Regel »Tu Gutes und sprich darüber« – auch mich. Es wäre ihm eine große Freude, dass ein Jakobspilger als Gast des Hauses an dem Essen teilnehmen würde, und wünschte uns allen »Bon Appetit!«. Es gab ein Tartar-Amuse-Gueule, Wildlachs auf einem bunten Salat, eine Rinderbrühe mit Grießnockerln, Rostbeef heiß aus dem Ofen mit frischen Gemüsen und Kartoffelgratin, Zimtküchl mit Rumfrüchten und Eis; dazu vorweg einen Riesling, danach einen Bordeaux und zum Abschluss einen Himbeergeist. Es war ohne Frage mein bisher bestes Pilgermenü, für das ich mich gern bedankt habe: beim sehr aufmerksamen und freundlichen Kellner mit einem dem entsprechenden Trinkgeld, mit einer großzügigen Spende für die Bruderschaft und natürlich ganz persönlich beim Chef des Hauses.

Vor dem Einschlafen habe ich den Tag noch einmal vor meinen Augen ablaufen lassen. Rückwärts: vom Hochgenuss beim abendlichen Galamenue zurück zum morgendlichen Aufstieg zum »Highnoon« am Maiensee. Mit 1865 Metern der höchste Punkt auf dem österreichischen Jakobsweg von Tschechien bis in die Schweiz. Der höchsten Punkt auch auf meinen bisherigen Jakobswegen. Exakt 233 Meter höher als der Somport-Pass, auf dem ich vor zehn Jahren aufgebrochen war, um auf dem Camino Aragonés und dem Camino Francés zum ersten mal nach Santiago de Compostela zu wandern, und dabei auch zu dem auf 1500 Meter Höhe liegenden Cruz de Ferro hochgestiegen bin. Bleibt zum Schluss die Frage: Ist der Maiensee vielleicht sogar der höchste Punkt und damit der »Höhepunkt« im europäischen Jakobswegenetz?

Drei Jakobus Major-Marginalien

An und für sich gehört das, was ich diesmal mitteilen möchte, in die von mir immer wieder gern gelesene Reihe »Wussten Sie schon...« von Dr. Horst Degen, dann wurde aber daraus ein Beitrag mit drei »An und für sich«-Geschichten, in denen Jakobus Major als Marginalie eine Rolle spielt.

Jakobus Major als Santon

An und für sich waren meine Frau und ich Ende 2013 nach Marseille gereist, um Marseille als Europäische Kulturhauptstadt zu erleben und um uns das neue »MuCEM« anzusehen. Das »Musée des Civilisations de l'Europe et de la Méditerranée« befindet sich in dem im Alten Hafen liegenden, komplett restaurierten Fort Saint-Jean und in einem auf einer dem Fort vorgelagerten, künstlichen Insel nach Plänen von Rudy Ricciotti als mächtiger, aber filigran wirkender Kubus errichteten Neubau. Hier wurde vom 5. bis 7. Dezember das 2. Rencontres scientifiques internationales du MuCEM zum Thema »Exposer s'Exposer: De Quoi le Musée est-il le contemporain?« veranstaltet, zu dem meine Frau als Europäische Ethnologin eingeladen worden war.

Beim abendlichen Bummel durch die weihnachtlich geschmückten Straßen um den Alten Hafen besuchten wir natürlich auch wieder einmal den alljährlich zur Weihnachtszeit stattfindenden Foire aux Santons. Bei diesen »kleinen Heiligen« handelt es sich um 4 bis 30 cm große, von den Santoniers aus Terrakotta modellierte und farbig gestaltete Figuren für die provenzalische Krippen, in denen das Geschehen der Heiligen Nacht eingebettet wird in für die Provence typischen Szenerien.

So entstanden in den vergangenen 200 Jahren eine Vielfalt von sowohl zum Krippenspiel als auch zum Alltagsleben gehörenden Personen, aber auch von zeitgenössischen Persönlichkeiten, mit denen sich die Krippen ständig erweitern lassen (Siehe: Bärbel Kerkhoff-Hader »... all die ganzen und halben Heiligen« Texte zur Ausstellung »Provence – Weihnachten in einer europäischen Region« des Faches

Der Heilige Jakobus als Pilger: eine 7 cm große Santon-Figur aus der Werkstatt Gateau & Fils

Volkskunde an der Universität Bamberg im Historischen Museum Bamberg, 15.11.1998 bis 12.1.1999).

Unter den mehr als 30 Santoniers, die auf dem Markt in Marseille ihr ganzes Programm anboten, befand sich auch der Stand von Gateau & Fils mit über 200 exakt aufgereihten Typen von Menschen und Tieren, Pflanzen und Gebäuden, über die wir im Vorübergehen unsere Blicke schweifen ließen. Wir waren schon fast am Stand vorbei, als wir mitten in diesem bunten Völkchen ihn entdeckten: »Saint Jacques de Compstelle«. Er ist nur 7 cm groß, hat aber alle typischen Attribute: als Apostel das Buch und als Pilger Hut und Pelerine mit Muscheln, Umhängetasche und Stab. Nach der Heiligen Maria und dem Heiligen Josef sowie den Heiligen Drei Königen ist er als bisher einziger weiterer Heiliger nun auch in der provenzalischen Krippe angekommen. Natürlich haben wir sofort ein Exemplar erworben, obwohl dieser Jakobus nicht zu den 4 cm großen Figuren unserer provenzalischen Krippe passt.

Bei einem Abstecher nach Aix haben wir dann auf dem dortigen Santons-Markt den Stand der Familie Fouque besucht, die seit vier Generationen zu den führenden Santoniers in der Provence gehört, die Santons-Ausstellung 1999 in Bamberg mitgestaltet hatte und mit der wir seitdem befreundet sind. Hier fanden wir zu unserer Überra-

Unsere provenzalische Krippe (kleiner Ausschnitt): rechts vom Stall unter dem Baum die nur 4 cm große Santon-Figur des Heiligen Jakobus als Pilger aus der Werkstatt Fouque

schung ebenfalls einen »Saint Jaques de Compostelle« und diesmal auch in der für uns passenden Größe von 4 cm. Und so kommt es, dass seit dem letzten Weihnachtsfest unter unseren weit über hundert »ganzen und halben Heiligen« ganz am Rande auch ein Heiliger Jakobus Major auftaucht, der anscheinend wie so mancher Jakobspilger auf der südlichsten französischen Route unterwegs ist, durch die Provence kommt und natürlich auch die Krippe besucht, um dann ab Arles auf der Via Tolosana weiterzuziehen, immer gen Westen, bis nach Santiago de Compostela.

Das Jesuskind als Erdenpilger

An und für sich hatten wir zwischen den Jahren 2013/14 geplant, von unserem zweiten Wohnsitz in Bamberg aus mit Freunden einen Winterspaziergang von der Wallfahrtskirche Vierzehnheiligen zum Kloster Banz zu machen. Da aber das Wetter nicht sonderlich schön war, hatten wir beschlossen, nur die Stiftskirche im Kloster Banz wieder einmal zu besuchen. Der Besuch der nach Plänen von Johann Dientzen-

Das Jesuskind als »kleiner Erdenpilger« mit Pilgerstab und Kalebasse aus der Sammlung von Hans-Werner Alt in der Weihnachtsausstellung in der Banzer Stiftskirche. (Reproduktion / Foto: Nikolaus Weiß)

hofer Anfang des 18. Jahrhunderts erbauten Kirche lohnt sich immer. Der Treppenaufgang zur doppeltürmigen Westfassade und dann der weite Blick über das Frankenland ist genau so beeindruckend, wie der in barocken Formen weit ausschwingende Innenraum, prächtig ausgestattet mit den Stuckarbeiten von Johann Jakob Vogel und den Fresken von Jakob Gelhardt und Melchior Steidl. Aber zur Weihnachtszeit wird der Besuch zu einem besonderen Erlebnis, weil alljährlich der Pfarrer Hans-Werner Alt Beispiele aus seiner wertvollen Sammlung von Jesuskindern in der Banzer Stiftskirche ausstellt.

Als wir an diesem nasskalten Wintertag die Kirche betraten, wurden wir von weihnachtlicher Musik empfangen, die angenehme Wärme mischte sich mit dem Duft von Tannennadeln und das Auge musste sich erst an das dämmrige Licht gewöhnen. Die vielen Kerzen an den Weihnachtsbäumen ließen die barocke Pracht nur erahnen und einige wenige Leuchten lenkten den Blick auf die im weiten Rund vor und auf den Altären und in Vitrinen ausgestellten Jesuskinder. Diese Jesuskinder, die bei der Geburt Christi die Mensch-Werdung anschaulich darstellen und nachvollziehbar machen sollen, haben eine bis in das Mittelalter zurückgehende Tradition, in der sie sich immer mehr aus den Krippendarstellungen gelöst und sich verselbständigt haben. Die Figuren sind kunstvoll aus einem speziellen Wachs geformt, durch den die Aussage »Und das Wort ist Fleisch geworden« einen ganz naturalistischen Ausdruck bekommt. Sie liegen in der

Krippe oder auf kostbaren Kissen, sie stehen auf Altären oder in Schreinen, sind splitternackt oder prächtig bekleidet. Wesentliche Unterscheidungsmerkmale sind die Attribute. Das »Prager Jesulein« trägt zum Beispiel eine Krone und gibt sich so als Herrscher der Welt zu erkennen. Im Lauf der Jahrhunderte haben sich bestimmte Typen entwickelt, die dann immer wieder nachgebildet wurden und die ihrer Herkunft und Ausstattung entsprechend bezeichnet werden. So handelt es sich beim »Münchner Augustiner-Kindl« um den Typus des »Fatschenkindes«, weil der ganze Körper in Fatschen, d. h. in Windeln gewickelt worden ist. (Siehe: Andreas Kuschbert »Schätze aus drei Jahrhunderten – Jesukinder schmücken zur Weihnachtszeit die Altäre in der Banzer Stiftskirche«, in: Heinrichskalender 2009, S. 36–42)

Der besinnliche Rundgang durch die Kirche, vorbei an rund 25 solcher Jesuskinder vermittelt einen Eindruck von der Vielfalt der Gestaltung und der Aussagen, die natürlich nur der versteht, der die Symbole kennt bzw. von Pfarrer Alt erklärt bekommt. Dass eine Weinbeere in der Hand des Jesuskindes einen Bezug zum Letzten Abendmahl, bei dem Jesus den Wein in sein Blut verwandelt hat, herstellen soll oder dass eine Weltkugel das kleine Kind zum Weltenherrscher macht, ist eindeutig. Dass aber der Vogel in der Kinderhand ein Stieglitz ist, der auch als Dornenvogel bezeichnet wird und darum auf die Dornenkrönung und auf die Passion Christi verweist, haben wir nicht gewusst und erst vom Pfarrer Alt erfahren. Und dann kamen wir in die Engelkapelle und da stand auf dem Altar zwischen den Kerzenleuchtern ein Jesuskind in einem knöchellangen Kleid und einem goldenen Strahlenkranz im Haar, den Blick in die Ferne gerichtet und die rechte Hand zum Gruß erhoben, und in der linken Hand hält es – wir trauten unseren Augen nicht – einen Pilgerstab, an dem eine Kalebasse hängt. Dieses ganz offensichtlich aus den Darstellung des Jakobus Major als Pilger entnommenen Attribut hat wohl eine doppelte Bedeutung: einerseits, dass Jesus als Mensch »auf Erden gewandelt«, gewandert ist, andererseits, dass das menschliche Leben eine Pilgerschaft ist.

Trotz der Überraschung kam mir das Motiv irgendwie bekannt vor und dann erinnerte ich mich, dass in manchen Darstellungen der Heiligen Sippe, zu der sowohl Jesus als auch Jakobus gehören, Jakobus – wie alle anderen Sippenmitglieder auch – noch ein Kind ist, aber schon als Pilger dargestellt wird – ähnlich dem Jesuskind als »kleiner Erdenpilger« mit Pilgerstab und Kalebasse in der Weihnachtsausstellung in der Klosterkirche in Banz.

Die Traditionsgaststätte »Schlenkerla« in der Dominikanerstraße in Bamberg

Jakobus Major als Gasthausgast

An und für sich ist es in Oberfranken Brauch, am Vorabend des Dreikönigstages mit Freunden zum »Stärk antrinken« ins Gasthaus zu gehen, um sich mit einem speziell zu diesem Anlass gebrauten Starkbier »gegen die Widrigkeiten des Winters zu wappnen«. Meine Frau und ich wollten an diesem Abend aber nur etwas essen gehen. Nicht irgendetwas, sondern ein Kesselfleisch. Nicht irgendwo, sondern im »Schlenkerla«.

Das »Schlenkerla« ist wohl die bekannteste Brauereigaststätte in Bamberg, wo das weltberühmte »Aecht Schlenkerla Rauchbier« aus Eichenfässer gezapft und ausgeschenkt wird. Gleich beliebt bei Einheimischen wie Touristen ist es dort fast immer brechend voll, man hockt an den blank gescheuerten Tischen eng zusammen und es geht ziemlich laut zu.

Wir hatten Glück und bekamen in der historischen Dominikanerstube »unseren Tisch«, der unter dem Fenster auf einem Podest steht und an dem maximal zwei bis drei Personen Platz finden, so dass man einerseits mittendrin, andererseits doch für sich ist. Wir hatten aber

Wir und der Heilige Jakobus als Pilger »zu Gast« in der Dominikanerklause im »Schlenkerla«.

Pech, weil es an diesem Abend kein Kesselfleisch gab, wohl aber ein »Schäufala«. Das ist ein Stück Schweinefleisch aus der Schulter mit einem »schaufel«artigen Knochen und mit einer knusprigen Speckschwarte, das – zusammen mit Kraut und Kloß und einem Rauchbier – bestimmt genauso lecker ist wie ein Kesselfleisch.

An »unserem Tisch« im »Schlenkerla« lässt sich nicht nur gut essen und trinken, das Wirtshaustreiben gut beobachten und über das Beobachtete angeregt reden. Er hat etwas ganz Besonderes, was im Trubel von den meisten Besuchern überhaupt nicht wahrgenommen wird: Er steht unter einer großen, fein geschnitzten Holzplastik eines Jakobus Major mit Muschelhut, (zu dem bei Matthias Trum, dem heutigen Besitzer des »Schlenkerla«, leider nichts Näheres über das Woher und Warum zu erfahren war).

Wir haben uns dann Folgendes ausgedacht: Der Apostel könnte als Pilger auf dem fränkischen Jakobsweg unterwegs und als Gasthofgast im »Schlenkerla« eingekehrt sein, um sich dem fränkischen Brauch entsprechend gegen die Widrigkeiten des Weges »Stärk anzutrinken«, und schaut dabei aus dem Fenster und in die Ferne. Er steht allerdings mit leeren Händen da, weil ihm irgendwie der Pilgerstab abhandengekommen ist.

Bei dem in typischer Haltung, aber mit leeren Händen dastehenden Pilger Jakobus stellt sich die Frage, was mit dem offensichtlich fehlenden Pilgerstab passiert sein könnte.

Beim zweiten Rauchbier haben wir dann nicht ganz ernsthafte Mutmaßungen angestellt und ausgetauscht, was da passiert sein könnte: Hat er den Stab nur zur Seite gestellt? Hat er ihn verloren? Ist er ihm gestohlen worden? Oder hat er ihn – wie ich es einmal auf dem Camino Francés gemacht hatte – leihweise einer humpelnden Mitpilgerin überlassen? Letztendlich kamen wir zu dem Schluss, dass der Heilige Jakobus auf seinem Weg nach Bamberg beim Kloster in Banz vorbeigekommen sein muss, in der Stiftskirche die zur Weihnachtszeit dort ausgestellten Jesuskinder besucht, dem Jesuskind in der Engelkapelle seinen Pilgerstab mit Kalebasse geschenkt und damit zu einem kleinen Jakobspilger gemacht hat. So oder so ähnlich könnte es doch gewesen – müssen Legenden entstanden sein.

Wie auch immer: Die Geschichte würde zu diesem Jakobus passen, der so gar nicht nach »Major« aussieht. Er steht da mit leeren Händen und hat keine Schuhe, er wirkt bescheiden und fast bedürftig. Ein Mitpilger, der hilft und dem man helfen möchte. Wir wünschen ihm »Bon Camino« und machen uns auf den Heimweg. Gleich um die Ecke tritt uns ein ganz anderer Jakobus entgegen, zelebriert ein »Major« seinen barocken Auftritt. In der Herrenstraße befindet sich das »Haus zum Tüthorn«, das von keinem Geringeren als Johann Dientzenhofer

Auf dem Heimweg: In der Herrenstraße begegnet uns am »Haus zum Tüthorn« der von Leonhard Gollwitzer geschaffene Jakobus Major.

um 1720 erbaut worden ist. Im Zentrum der prächtigen Barockfassade lässt der Bildhauer Leonhard Gollwitzer aus einer Nische den Jakobus Major mit Grandezza auf ein Podest treten: mit Glanz und Glorie(nschein) über dem Muschelhut, mit den wie Insignien in den Händen gehaltenen Pilgerstab und Bibelbuch, mit schwingender Pelerine, wallendem Gewand und elegant umgeschlagenen Schaftstiefeln. Ein Apostel mit entrücktem Blick, der uns zu übersehen scheint – nicht nur nächtliche Passanten, sondern auch fromme Pilger.

An und für sich waren das meine Jakobus Major-Marginalien. Bleibt zum Schluss nur noch der Hinweis für die Pilger, dass der Jakobsweg in Bamberg – wie kann es anders sein – oben auf dem Jakobsberg an der Jakobskirche beginnt. In der um 1100 im romanischen Stil erbauten, doppelchörig und kreuzförmig abgelegten Basilika mit flacher Decke befindet sich über der Vierung ein Fresko aus den 1770er Jahre mit Szenen aus Leben und Legende des Jakobus Major. Vor der barocken Ostfassade steht eine nicht zu übersehende Tafel mit Jakobsmuschel und mit ausführlichen Informationen über den fränkischen Jakobsweg nach Nürnberg, den ich im Jahre 2011 gegangen bin.

2014 Frankreich

Auf Sentiers de Saint Jacques:
5. Etappe von Metz nach Dijon

12.05.2014 Treffen mit Freund Peter in **Metz** – Mit dem Zug nach **Ars-sur-Moselle** – Aufbruch zur Wanderung über Pagny-sur-Moselle und Vandières nach Pont-à-Mousson – Mit dem Zug bis **Pompey** und dann zu Fuß weiter über Liverdun und und Villey-Saint-Étienne nach **Toul** – Weiter über Mont-le-Vignoble, Bulligny, Barisey-la Côte nach **Autreville** – Weiter über Soulosse-sous-Saint-Élophe nach **Neufchâteau** – Weiter über Pomppierre und Nijon nach **Saint-Thiébault** – Weiter über Bourg-Sainte-Marie, Levécourt, Meuvy nach **Montigny-le-Roi** – Weiter über Chauffourt und Changy nach **Langres** – Weiter über Saints-Géosmes, Pierrefontaines nach **Auberive** – Weiter über Vivey, Lamargelle-aux-Bois nach **Grancey-le-Château** und nach **Marcilly-sur-Tille** – Mit dem Zug nach **Gemeaux** und zu Fuß weiter über Messigny-et-Vantaux nach **Hauteville-lès-Dijon** – Weiter über Fontaine-lès-Dijon nach **Dijon** (insgesamt: **295 km**) – **25.05.2014** Rückfahrt mit dem Zug nach Bonn.

□ »Auf dem Chemin de Saint-Jacques von Metz nach Dijon« (»Kalebasse« Nr. 56, S. 44–60, Juli 2014)

◄ Unterwegs zwischen Metz und Dijon auf Wiesen- und Waldwegen, auf Römer- und Nationalstraßen: weit voraus Freund Peter, mein Weggefährte auf unserem Chemin de Compostelle durch ganz Frankreich.

Lücken / Schluss !?

Auf dem Chemin de Saint-Jacques von Metz nach Dijon

Unsere diesjährige Etappe von Metz nach Dijon hatte eine doppelte Intention. Zum einen hätten mein Freund Peter und ich damit auf Jakobswegen in fünf Etappen (2001/02 auf der Via Podensis von Le Puy bis Pau, 2002 von Dijon bis Tornus, 2008 von Cluny bis Le Puy) ganz Frankreich von der Mosel bis zu den Pyrenäen durchquert. Zum anderen würde ich nach meinen Wanderungen von Lourdes über den Somport-Pass auf dem Camino Arragonés und Francés im Jahre 2003 und auf der Via Coloniensis von Bonn über Trier bis Perl/Schengen im Jahre 2004 auf meinem Jakobsweg von Bonn nach Santiago de Compostela und weiter nach Fisterra eine letzte größere Lücke schließen.

Mit dieser Absicht sind wir am 13. Mai 2014 in Metz aufgebrochen, haben uns auf den Weg gemacht, sind rund 300 Kilometer gewandert und am 24. Mai in Dijon angekommen. Mit dabei hatten wir den Führer »Wandern auf dem Jakobsweg von Trier nach Le Puy« von Heinrich Wipper (Dumont aktiv 2010) und die Karten-Sammlung »Vers Saint-Jacques de Compostelle – En passant par la Lorraine – Chemin de Schengen à Langres« (Association des amis de Saint-Jacques-de-Compostelle, Région Lorraine, Edition 2012). Da die Routen in beiden Publikationen nur streckenweise übereinstimmen und die Kartensammlung keine weiteren Informationen enthält, sind wir in der Regel dem Dumont-Führer gefolgt. Sehr hilfreich – manchmal sogar im Wortsinn »Not-wendig« – waren die aktuellen Übernachtungshinweise, die uns Heinz Wipper freundlicherweise zur Verfügung gestellt hatte.

Der »Chemin de Metz à Dijon«

Diese Etappe des Jakobsweges ist grundsätzlich von Nord nach Süd ausgerichtet, führt von Lothringen nach Burgund, über viele Landstraßen und Asphaltwege und ist längst nicht so eben, wie der gerade Strich in den Höhendiagrammen vermuten lässt. Von ein wenig Regen an den ersten beiden Tagen abgesehen, schien fast immer eine grelle,

Der Start in Metz: die Kathedrale über der Mosel. Von hieraus führt unser Jakobsweg stromaufwärts durch Lothringen nach Burgund.

Auf Landstraßen mit Freund Peter: Selten so viel Asphalt gelaufen, aber auch so wenig Gegenverkehr gehabt.

Durch die Flusstäler: an der Mosel auf schmalen Wald- und Wiesenpfaden zwischen Fluss und Kanal

Auf der Römerstraße: endlos, baumlos, schattenlos und auch »geschichtslos«, weil ohne Informationen am Wegesrand

gegen Mittag immer heißer werdende Sonne von einem stahlblauen, mit nur wenigen, weißen Wolken bedeckten Himmel. Dazu wehte aber ein sehr kräftiger und kalter Wind, so dass wir zweitweise beim Schwitzen gefroren haben. Da die Länge der Tagesetappen bestimmt wird durch die wenigen, nicht immer ideal verteilten Übernachtungsmöglichkeiten, mussten wir bis zu 25, mal auch bis zu 30 Kilometer am Tag gehen und bis zu zehn Stunden den Rucksack tragen, was für Mitsiebziger weg- und wetterbedingt ganz schön anstrengend sein kann.

Der Weg geht durch die mal engen, mal überraschend breiten Täler der Mosel, Meuse (= Maas), Tille und anderer kleiner Flüsse und Bäche,

Auf gut ausgeschilderten Fernwanderwegen, die sich manchmal in Wald und Wiese verlieren können. Weißrote Markierung des GR 65F (= Jakobsweg) auf dem Baumstumpf.

durch erstaunlich große Wälder, in denen man sich auch einmal verlaufen kann, über weite Wiesen mit allen möglichen Rinderrassen in der nördlichen Hälfte und in der südlichen über noch weitere, bis zum Himmelhorizont reichende Getreidefelder. Er folgt immer wieder einmal der historischen Route der ehemaligen Römerstraße – Kilometer lang immer geradeaus und baumlos, was nicht unbedingt animierend sein muss, und den rotweiß ausgeschilderten Fernwanderwegen, die auch mal fast zugewachsen und durch umgefallene Bäume versperrt sind oder sich irgendwo in Wald und Feld verlieren können, was natürlich auch an den Wanderern liegen kann. Nur nach Metz und vor Dijon waren die Wege als Jakobswege mit Muschelzeichen konsequent ausgeschildert. Auf dem ganzen Weg haben wir keine Pilgerherberge gefunden und genutzt, haben wir von Pilgern nur gehört, sind aber keinem begegnet.

Die Versorgung unterwegs

Das Leben, das »Überleben« ist auf diesem Weg nicht ganz leicht, weil es – mal abgesehen von den größeren Städten – nur wenige Möglichkeiten zum Einkaufen, Einkehren und Übernachten gibt. Darum braucht man unbedingt eine Unterkunft, die man vorher telefonisch erreichen und buchen, in der man abends essen und morgens frühstücken kann. Für tagsüber und unterwegs muss man rechtzeitig und ausreichend in den wenigen Läden und Supermärkten einkaufen. All das hört sich dramatischer an als es ist und letztlich hat es bei uns auch immer funktioniert: Dank eigener Planung und Vorsorge sowie

Lecker essen wie Gott in Frankreich – natürlich nicht immer und überall …

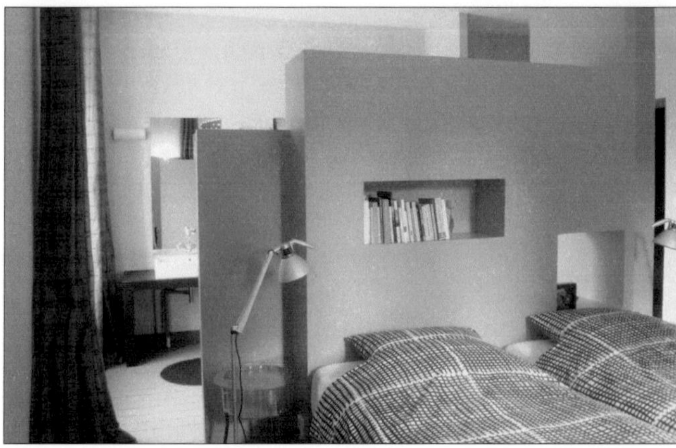

… und wunderbar schlafen in der Pension »Le Clos Latour« in Grancey-le-Château.

der verlässlichen Wipper-Informationen, gerade in Bezug auf die Übernachtungsmöglichkeiten. Darum war uns auch von vornherein klar, dass es auf dem Jakobsweg durch Lothringen (noch) keine Wanderherbergen (fr. gîtes d'étape) gibt, wie man sie von der Via Podiensis und anderen französischen Fernwanderwegen kennt. Durchaus damit vergleichbar, wenn nicht sogar besser, war der »Gîte La Boulangerie« in Auberive. Freund Peter hatte uns von unterwegs angemeldet und Herr Thiery hat mich beim im Ortszentrum unübersehbar platzierten Hinweisschild abgeholt. Uns stand ein ganzes Haus zur Verfügung: ein saalartiger Wohnraum, ein sehr geräumiges Bad zum Duschen und Wäschewaschen, unter dem Dach für jeden ein Schlafraum, wo ich zusammen mit Frau Thiery die Betten bezogen habe. Für das Abendessen wurde uns ein kleines Restaurant neben der Abtei empfohlen und am nächsten Morgen gab es im Haus der Thierys ein äußerst opulentes Frühstück. Das alles – inklusive Gastfreundschaft – für 20 Euro pro Person und damit so preisgünstig wie keine andere Übernachtung auf unserer Wanderung.

Bei den weiteren Unterkünften reichte das Spektrum von der »Absteige« in dem in die Jahre gekommenen »Hôtel de l'Europe« in Toul oder dem unfreundlich geführten »Hôtel du Lac« in Marcilly-sur Tille, über zwar kleine, aber frisch renovierte, schlicht gestaltete und praktisch eingerichtete Zimmer im »Hôtel Bristol« in Metz oder im »Hôtel de Paris« in Dijon, bis hin zum »Hôtel Le Relais Rose« mit seiner biedermeierlichen, gemütlichen Atmosphäre in Autreville oder im Landhaus »Le Clos Latour« mit seiner modernen, ästhetischen Innenarchitektur in Grancey-le-Château – beide sehr gastfreundlich geführt und mit einer sehr guten Küche. Das beste Menü gab es aus meiner Sicht im »Hôtel La Musarde« in Hauteville-lès-Dijon: drei petitliche Vorspeisen, gebeizter Lachs auf gemischten Salätchen, mit Trüffel gefüllte Putenfleischröllchen auf buntem Gemüse-Mosaik, Petits fours, Schokoladenkuchen mit flüssigem Erdbeereis, dazu eine Flasche Chardonnay, natürlich aus Burgund. Das Ganze exquisit serviert und vor allem lecker!

In diesen Zusammenhang gehören auch die kleinen Formen von Gastfreundschaft, die wir immer wieder erlebt haben. Dazu zwei Beispiele: Als wir wieder einmal in der Mittagshitze nach einer Bar suchten, lud uns im Dörfchen Bulligny die Familie Crochet von der Straße weg spontan in ihr rustikales Winzerhaus zu einem munter machenden Kaffee und dann zu einem erfrischenden Rosé-Sekt aus der eigenen Kellerei ein. Und als wir wieder einmal gegen Abend todmüde unser Tagesziel erreichten, bekamen wir in Toul in der »Brasserie Hôtel de Ville« zum ersten großen Bier als köstliche und kostenlose Zugabe Gänseleber- und Wildschweinschinken-Häppchen und zur weiteren Orientierung einen Stadtplan mit Hotelinformationen.

Die Städte am Wege

Metz, Toul, Langres, Dijon – alle vier Städte sind bedeutende und geschichtsträchtige Stationen auf unserem Weg und bieten natürlich viel Sehens- und Besuchenswertes, so dass man immer einen Tag Pause einlegen müsste, wozu uns angeblichen Ruhe(?)ständlern aber wie immer die Zeit fehlte. Natürlich waren wir in den vier Kathedra-

Am Westportal der Kathedrale von Metz unter den 12 Aposteln (auf dem Foto ganz rechts): Saint-Jacques.

len, die in den Abendstunden (fast) menschenleer waren, so dass wir uns in aller Ruhe alles anschauen und auf uns wirken lassen konnten. Nach langem Suchen haben wir auch den Heiligen Jakobus gefunden: als dritte Steinskulptur von rechts unter den zwölf Aposteln im Westportal der Kathedrale in Metz und zusammen mit zwei Pilgern als Holzrelief auf der Tür im rechten Seitenportal der Kirche Saint-Michel in Dijon. Von diesen beiden Kathedralen haben wir auch einen Pilgerstempel bekommen (während wir uns ansonsten mit den profanen Stempeln unserer Unterkünfte begnügen mussten).

In Metz haben wir im Centre Pompidou die extravagante Architektur und eine Ausstellung mit besonders großformatigen, zeitgenössischen Kunstwerken bestaunt und auch der Abstecher zu der in den

Langres: mitten in der Stadt das Denkmal für den berühmten Enzyklopädisten Diderot. Im Hintergrund die frühklassizistischen Türme der Kathedrale.

1930er Jahren geplanten und 1950er Jahren erbauten Kirche Sainte-Thérèse hat sich gelohnt: neben einem hochaufragende »Nadel«-Campanile ein massiver Bau aus Stahlbeton mit farbkräftigen Glas/Beton/Bausteinfenstern, innen ein Kirchen/Schiff, spitzbogig wie ein um gedrehter Schiffskörper. Das in den Abendstunden menschenleere Toul fanden wir nicht besonders aufregend, was natürlich auch an unserer Müdigkeit gelegen haben könnte. Selbst die Kathedrale mit ihren leeren Nischen an der Westfassade und mit den in den Seitenschiffen zum Schutz gegen aus den Gewölben herabfallenden Putz gespannten Netzen passte in das triste Bild.

Ganz anders erlebten wir Langres: Nachdem wir uns den steilen Aufstieg auf den Berg erspart hatten und mit dem Bus in die historische Altstadt hinaufgefahren waren, hatten wir Zeit und Lust, innerhalb der Stadtmauern als Rucksack-Flaneure herumzulaufen: von der Kathedrale mit ihrer außergewöhnlichen, frühklassizistischen Fassade, vorbei am Denkmal von Diderot, der hier 1713 geboren und als Autor der französischen »Encyclopédie« berühmt geworden ist, durch

Grancey-le-Château: oben auf dem Berg die Oberstadt und die Burganlage mit der Stiftskirche. (Foto: H. Wipper)

die belebten Straßen mit den vielen Geschäften in den alten Bürgerhäusern bis zur mächtigen Porte des Moulins.

Auch der Eindruck von den kleineren Städten war – je nach unserer momentanen Verfassung – sehr unterschiedlich. So waren wir z.B. in Pont-à-Mousson – trotz der schönen Lage an der Mosel – nicht nur von unserem Hotel, sondern auch von der vollkommen ausgeräumten Kirche in der säkularisierten und auch etwas heruntergekommenen Prämonstratenserabtei enttäuscht. Während uns z.B. in Grancey-le-Château nicht nur unser Gästehaus sehr gut gefallen hat. Beeindruckt haben uns auch der Anblick der oben auf einem Bergrücken thronenden Burganlage mit der am Hang »hängenden« gotischen Stiftskirche und der Besuch der unten im Tal liegende romanische Kirche Saint-Germain, die einen geraden Chorabschluss hat, der an die Abtei in Auberive erinnerte, und die der Ort gewesen sein soll, an dem Bernhard von Clairvaux den Ruf zum Eintritt in den Zisterzienserorden erhalten haben soll und damit einen Bezug herstellt zu seinem »Geburtshaus« in Fontaine-lès-Dijon.

Gebäudeflügel (um 1750) der ehemaligen Zisterzienserabtei von Auberive.

In der Abtei von Auberive

Um diese einmal sehr bedeutende Abtei besichtigen zu können, blieb mir nichts anderes übrig, als nach Pierrefontaines ein Auto anzuhalten, das mich rechtzeitig dorthin bringen sollte. Während mein Freund Peter weiter wanderte, nahm mich schon das zweite Auto mit und der Fahrer, ein Forstbeamter, fuhr mich freundlicherweise auf der Forststraße durch den Wald von Auberive, zeigte mir unterwegs noch kurz den Steinbruch, aus dem die Steine für den Bau der Abtei stammen, und setzte mich unmittelbar vor dem Eingang zur Abtei ab. Für 6 € erhielt ich einen Audio-Guide, der mich durch das Gelände führte und alle noch vorhandenen Bauwerke auf Deutsch erklärte.

Das dreiflügelige, barocke Abteigebäude zieht den Blick voll auf sich, zieht ihn hinein in den ehemaligen Kreuzgang, in dessen Mitte heute eine Plastik steht: ein sitzend sinnierender Mann mit dem zu Geschichte und auch Gegenwart passenden Titel »Meditation«. Könnte dieser Mann seinen Blick heben und nach links schauen, würde er den an den am rechten Rand verdrängten, bescheidenen Rest von der

Auberive: mitten im Kreuzgang der ehemaligen Abtei die Plastik eines sinnierenden Mannes, der zum Nachdenken anregt.

einmal alles dominierenden romanischen Abteikirche entdecken. Von der im 18. Jahrhundert abgebrochenen Abteikirche ist nur noch der Chor aus dem 12. Jahrhundert geblieben. Er hat einen geraden Chorabschluss, so wie er auch heute noch z. B. in Saint Germain in Grancey-le-Château zu sehen ist. Ganz im Sinne der Zisterziensertradition errichtet aus unverputzten Steinquadern, ohne Farbe, Dekor und Skulpturen. In der flachen Rückwand unten eine Reihe von drei Rundbogenfenstern, darüber gestaffelt noch zwei weitere Rundbogenfenster und ganz oben in der Mitte als Abschluss ein kleines, kreisrundes Fenster – alle modern gestaltet in fließenden Formen und Flächen und mit der Natur abgeschauten Farben: insgesamt einfach (und) schön, Phantasie anregend, Assoziationen auslösend.

Wenn man sich auf die Treppenstufen hockt und diesen schlichten Bau betrachtet, vermittelt er auch als »Torso« immer noch einen Eindruck von Architektur gewordener, von Armut und Askese geprägten Spiritualität und von Form gewordener Funktionalität. Da der Kirchenbau bei den Zisterziensern durch die für diesen Orden typischen

Von der romanischen Zisterzienserkirche von Auberive ist nur der Chor erhalten geblieben: als Architektur-Torso gerade in seiner Schlichtheit auch heute noch beeindruckend.

Struktur der Gründung von Töchterklöstern zentral gesteuert, durch die Entwicklung von einfachen Bauprinzipien und konstanten Bauelemente immer wieder reproduziert und durch eigene Bauhütten über ganz Europa ausgeweitet worden ist, entstanden eine »uniforme« Architektur und damit ein unverwechselbarer Stil: die Zisterziensergotik. Und so ist es nicht verwunderlich, dass beim Anblick dieses Chors in Auberive vor meinen Augen das Bild von der nicht weit von meinem Heimatort Bonn liegenden Chorruine in Heisterbach entsteht. Ende des 12. Jahrhunderts gründeten Mönche der Zisterzienserabtei Himmerod in der Eifel nicht allzu weit entfernt am Fuße des Siebengebirges in Heisterbach ein Kloster und bauten eine Abteikirche, die im Jahre 1237 eingeweiht worden ist und zu der Zeit – nach dem Kölner Dom – der zweitgrößte Kirchenbau im Erzbistum war. Nach der Aufhebung des Klosters im Jahre 1803 konnte von der auf Abbruch verkauften Kirche nur der zweischalige Chor gerettet werden. Die imposante Chorruine, eines der bekanntesten Motive der Rheinromantik, lässt auch heute noch ein wenig von der Monumentalität und Spiritualität der Zisterziensergotik erahnen. Und wie in einer Kettenreaktion entsteht eine Assoziationskette. Ich wandere in Gedanken weiter: von Auberive über Heisterbach nach Altenberg. Hier wurde in der zweiten Hälfte des 13. Jahrhunderts ebenfalls nach dem zisterziensischen »Idelaplan« der »Bergische Dom« erbaut, mit dem typischen, kleinen Dachreiter und einem der Abteikirche in Heisterbach ähnlichen Chorumgang und Kapellenkranz. Aber hier in Altenberg sieht man auch, wie die Entwicklung weitergegangen ist. Im Laufe der Zeit wurde die asketische, graue Einfachheit aufgegeben und um 1400 ist an der Westfassade ein Fenster aus Buntglas mit farbigen und figürlichen Darstellungen eingebaut worden. Für mich eines der schönsten, gotischen Kirchenfenster in Deutschland.

Auf dem Burgberg in Fontaine-lès-Dijon

Nachdem im Norden von Dijon der Jahre dauernde Bau der Autobahn abgeschlossen ist und der Jakobsweg über eine neue Brücke wieder ohne Umwege problemlos fortgesetzt werden kann, begann unsere letzte Etappe nach Dijon mit einem kurzen, recht angenehmen Morgenspaziergang von Hauteville-lès-Dijon nach Fontaine-lès-Dijon und hinauf auf den Berg, auf dem einmal die Burg stand, in der Bernhard von Clairvaux 1090 geboren wurde. Von der Burg steht nur noch ein Turm, um den herum in der zweiten Hälfte des 19. Jahrhunderts ein großes, klassizistisches, einem Bahnhof ähnlich sehendes Gebäude errichtet worden ist. In dem »Geburtshaus des Heiligen Bernhard« befinden sich ein Oratorium zu Ehren des Heiligen und zwei Kapellen. Es gibt zwar viele Türen, aber alle waren verschlossen, genauso wie in der etwas unterhalb liegenden gotischen Kirche, die wir auch gern besichtigt hätten. Doch dann tauchte ein Mann auf, eilte mit wehender Soutane von der Kirche zum »Geburtshaus«. Er sieht uns, müsste uns an und für sich als Jakobspilger erkennen, verschwindet aber – bevor wir ihn um Einlass und/oder Pilgerstempel bitten können – grußlos hinter einer der großen Türen und schließt ostentativ hinter sich ab. Für einen Moment sind wir konsterniert und fragen uns, ob dieses Verhalten wohl im Sinne des Heiligen Bernhard ist … Dann entdecke ich rein zufällig in einem der Schaukästen ein Plakat, das im Jahre 2012 aufgehängt worden war und daran erinnerte, dass vor 900 Jahren im Jahre 1112 Bernhard von Clairvaux in den Zisterzienserorden eingetreten ist – also nach der Berufung, die er in der Kirche Saint-Germain in Grancey-le-Château erfahren haben soll.

Bernhard von Clairvaux ist also nicht einer der Gründer, wohl aber einer der bedeutendsten Äbte und Heiligen des Zisterzienserordens. Er war nicht nur Mystiker, sondern auch Politiker und Kreuzzugsprediger. Im Aufruf zum 2. Kreuzzug (1147–49) predigte er einen Krieg,

»Geburtshaus« des hl. Bernhard von Clairvaux auf dem Burgberg von Fontaine-lès-Dijon (Foto Claude Jeanmichel)

der die Mittel »heiligt«, wenn es darum ginge, mit »geistlichen Soldaten« wie den Tempelrittern Jerusalem zurückzuerobern und zu verteidigen. Es ist die Zeit, wo es bestimmt kein Zufall war, dass in Santiago de Compostela das Apostelgrab wiedergefunden und der Heilige Jakobus im Rückgriff auf sein wundersames Eingreifen bei der Schlacht in Clavijo (um 850) zum »Matamoros« gemacht worden war, um dann als Schlachtenhelfer dem Santiago-Orden bei der Rekonquista von Hispania beizustehen.

Es war aber auch die Zeit, in der Santiago de Compostela zum Erzbistum erhoben und die Kathedrale fertig gestellt worden ist. Seitdem sitzt im Portico de la Gloria ein Jakobus, der mir viel lieber ist als der »Matamoros«. Mit einem Pilgerstab in der Hand schaut er allen Pilgern entgegen, die auf den Wegen, die erstmals in dem Mitte des 12. Jahrhunderts erschienenen »Liber Sancti Jacobi« beschrieben wurden, damals wie heute nach Santiago gekommen sind – natürlich auch auf den schon damals bekannten vier Wegen durch Frankreich. Und damit kehre ich in die Gegenwart zurück, zurück auf unseren

Am Ziel in Dijon: zwischen Markthallen und Herzogspalast hoch herausragend die Kirche Notre Dame.

Jakobsweg, auf dem wir morgen unser diesjähriges Etappenziel in Dijon erreichen werden, und ich damit die letzte Lücke auf meinem Weg von Bonn nach Santiago de Compostela geschlossen haben werde.

Dijon: Der Lückenschluss und Schluss?

Dijon ist immer wieder ein Erlebnis, besonders bei der äußerst lebendigen Atmosphäre an einem Samstagnachmittag auf den Straßen und Plätzen zwischen den Markthallen und dem Herzogspalast, zwischen der Kirche Notre Dame, wo hoch oben am kleinen Uhrenturm der Glockenschläger »Jacquemart« gerade die volle Stunde schlägt, und

Unter der ehemaligen Abteikirche Saint-Bénigne (heute Bischofskirche) von Dijon: in der stillen Abgeschiedenheit der Krypta den Weg auslaufen lassen … (Foto: Zodiaque)

der Kathedrale Saint-Bénigne, wo wir in die Krypta hinuntergestiegen sind und diesen einmaligen Rundbau mit seinem dreifachen Säulenumgang bewundert haben. Ein stiller Ort, wo man zur Ruhe kommen und seinen Weg auslaufen lassen kann. Beim samstagabendlichen Abschlussessen haben wir dann im historischen Fachwerkgasthaus »Au Moulin à Vent« ein Bœuf de Bourgogne mit einem roten Burgunder genossen und dabei darüber geredet, wie es uns auf unserem Weg ergangen ist und wie es in einem auf die 80 zugehenden Leben weitergehen wird. Am Sonntagmorgen beim Abschied von Saint Jacques und den zwei Jakobspilgern im Seitenportal von Saint-Michel habe ich

Am rechten Portal von Saint-Michel über der Muschel der Heilige Jakobus und rechts daneben zwei Pilger: Wie wird es weitergehen?

mir dann die Frage gestellt: Mache ich mit diesem Lückenschluss endgültig Schluss mit meinen Wanderungen auf Jakobswegen? Oder werde ich weitergehen, weil noch so manchem nachzugehen ist …

Seitdem ich 1999 nach Santiago de Compostela geflogen bin und dort zum ersten Mal ein Heiliges Jahr erlebt habe, sind 15 Jahre vergangen. Zwischenzeitlich bin ich dreimal zu Fuß in Santiago angekommen: 2003 auf dem Camino Aragonés und Francés, 2005 auf dem Camino Norte und Primitivo, 2006 auf der Via de la Plata und Camino Mozárabe. Vielleicht sind ja aller guten Dinge drei! Oder halte ich es mit den Spanieren, die sich auf dem Camino mit dem Gruß verabschieden: »Que no sera la ultima vez« – »Ich hoffe, es war nicht das letzte Mal«? Auf der Rückfahrt erinnere ich mich an einen meiner JAKOBSWEGE-GE(H)DANKEN, der mir gekommen ist, als ich zum ersten Mal in Fisterra angekommen war:

Nur wer zurückkehrt, kann wieder aufbrechen.

Wanderpause am Wegesrand: eine Zwischenstation auf dem Lebensweg.

Wegführer

Wipper, Heinrich: Wandern auf dem Jakobsweg von Trier nach Le Puy. Ostfildern, DuMont Reiseverlag, 2010, 180 S., 37 farbige Karten und 6 Stadtpläne, ISBN 978-3-7701-8012-7 (Trier – Langres: S. 18–72. Nach Erscheinen der Publikation wurden zwei Tagesetappen in Lothringen, Tour Nr. 3 und 9, geändert. Aktualisierung unter: www.jakobusbruderschaft.de, Link Publikationen, beim betreffenden Titel)

Vers Saint-Jacques de Compostelle en passant par la Lorraine (Guide du Chemin de Schengen à Langres). O.O., Les Amis de Saint-Jacques de Compostelle région Lorraine (www.st-jacques-lorraine.fr), 2012, 72 S., davon 55 Kartenseiten und 7 ganzseitige Stadtpläne, ISBN 978-2-746-64044-3 (Man erhält diese Publikation bei den Fremdenverkehrsämtern von Perl, Sierck-les-Bains und Metz)

Anstelle eines Nachwortes ein Fi(ni)sterra-Resümee

Aus dem Tagebuch „Atlantikküsten-Camino 2005", Dienstag, 28. Juni 2005, Fisterra

Nach einer wirklich guten Nacht in der Herberge um 6:00 Uhr ein nicht ganz so erfreuliches Erwachen wegen einer kurzen, aber heftigen Auseinandersetzung zwischen einem deutschen Frühaufsteher und einem Spanier, der etwas mehr »tolerancia« gegenüber den noch schlafenden Mitbewohnern anmahnte. Natürlich verstand der Deutsche nicht oder wollte nicht verstehen.

Die hochgelobte Solidarität – oder besser gesagt – Brüderlichkeit nimmt auf dem Camino ab, der Benutzer/Egoismus mit ständig steigenden Erwartungen und Forderungen nimmt zu. »Spaßtrekking« und »Komawalking« mit vorgebuchter, möglichst kostenloser Klosterherberge, inklusive Pilgersuppe, Abendchoral und Selbstbesinnungsgarantie. Entsprechend der Media Markt-»Geiz ist geil«-Methode wird der Camino zunehmend als ein billiger Selbstbedienungsladen verstanden, missverstanden. Die Hospitaleros sehen sich immer mehr gezwungen, regulierend und auch disziplinierend einzugreifen, was wiederum mit der Selbstverständlichkeit des Für- und Miteinanders der meisten Pilger kollidiert. Der Camino als eine Gemeinschaft Gleichgesinnter verliert sich immer mehr in die Heterogenität derjenigen, die auf Jakobswegen unterwegs sind …

Aber vielleicht ist dies eine zu kritische Zukunftsperspektive, im Gegensatz zu den meist sehr euphorischen Retrospektiven in der Jakobsweg/Literatur. Schließlich erlebt jeder den Camino anders, macht seine Erfahrungen, bildet sich seine eigene Meinung. Und vielleicht ist es ja gar nicht so schlimm und schlecht, wenn der Heile-Welt-Charakter einer etwas elitären, geschlossenen Camino-Gemeinschaft aufgebrochen wird durch ein wenig Alltagsrealität – weil das Leben ein Weg und der Weg ein Teil des Lebens ist, in das wir nach dem Camino wieder zurückkehren werden, wollen, müssen ….

Genug nachgedacht, raus aus dem Bett, einen Morgenkaffee in einer Bar am Hafen und dann rauf zum Cap, das irgendwo im Mor-

gennebel liegt. Nach drei Kilometern wieder einmal am berühmten Leuchtturm. Vor dem Kreuz mit dem Jakobus brennt noch ein Feuer, in dem wohl ein Pilger nach alter Tradition eines seiner Kleidungsstücke verbrannt hat. Daneben das Denkmal mit den zwei Wanderschuhen aus Bronze, von denen aber einer fehlt, wohl gestohlen worden ist. Den anderen hat eine/r liebevoll mit einem Schal und einer Feder geschmückt. Ein guter Hintergrund für ein letztes Foto von meinen Wanderschuhen mit den abgelaufenen Sohlen.

Die Sonne bricht durch. Und wenn man dann das Glück hat, mit sich allein auf einem der Felsen zu sitzen, alle kritischen Gedanken vergisst und mit tausend Kilometern Camino im Hinterkopf über das Meer schaut, den Blick mit den Möwen über das gleißende Wasser gleiten lässt und dem Höhenflug folgend in den Himmel schaut und am Ende vom Sonnenlicht nur noch geblendet ist: – ein Moment von Ewigkeit …

Unterbrochen von einem fröhlichen »Bon Camino!«. Der freundliche Gruß des Spaniers aus der Herberge irritiert mich zunächst ein wenig, weil es morgen ja heimwärts gehen soll, und erinnert mich dann aber daran, dass Fisterra nicht das Ende ist, sondern – wie Mary meinte – ein »Point of return«. Wir hatten uns auf dem Weg nach Fisterra getroffen, waren ein Stück des Weges gemeinsam gegangen und als sie gestern Abend in den Bus stieg, zurück nach Santiago, zurück nach Ohio, fiel mir nichts Besseres ein als ein etwas (zu) saloppes: »See You later …«. Sie antwortete lachend: »May be in haeven …«, ergänzte dann aber schnell: »But not so soon …«

K.149.903
LEKI

Zum Abschluss
ein Blick zurück

Das Gedicht
»Hymne eines Reisenden an seinen Koffer«
von Mario Wirz
als Widmung an meinen Rucksack,
der mich auf all meinen Jakobswegwanderungen begleitet hat.

***»Ein bisschen heruntergekommen
von all den Abschieden
kennt er doch keine Bitterkeit.
Nach wie vor bestaunt er die Ähnlichkeit
der Ähnlichkeit der Orte
und auch das Gepäck verändert sich nicht
wesentlich.
So bleibt er
diskreter Zeuge aller Wiederholungen.
Nur manchmal
vielleicht
erinnert er sich
zwischen irgendwann und irgendwo
an die schlaflose Nacht
vor der ersten Reise.«***